Etudes Françaises

Découvertes 2
Série verte

Grammatisches Beiheft

von
Alfred Göller und
Wolfgang Spengler

unter Mitarbeit von
Walter Hornung

ERNST KLETT VERLAG
Stuttgart   Düsseldorf   Leipzig

Wir sind *Finesse* und *Finaud*.

Du kennst uns schon.
Zusammen mit unserem Freund Arthur wollen wir dich wieder durch dieses Grammatische Beiheft begleiten, dir Tipps geben und dich auf Schwierigkeiten hinweisen.

Doch zunächst **einige Hinweise** für die Arbeit mit diesem Beiheft.
Du solltest es gut kennen, um damit erfolgreich arbeiten zu können.

- Das **Inhaltsverzeichnis** (S. 3–4) klärt dich über die grammatischen Schwerpunkte jeder Lektion auf.
- Wenn du einmal gezielt etwas nachschlagen möchtest, so geht das am bequemsten über das **Stichwortverzeichnis** (S. 64–65).
- Stolperst du in einem Paragraphen über einen dir unbekannten grammatischen Begriff – keine Panik! Auf den Seiten 61–64 findest du ein **Verzeichnis aller grammatischen Begriffe** mit ihrer deutschen Übersetzung und Beispielen.
- Und noch ein heißer Tipp: Auf den Seiten 57–60 findest du eine **Übersicht über alle Verben und Verbformen**, die du im Laufe der Arbeit mit *Découvertes* kennen lernst oder schon kennen gelernt hast.

Hier noch einige Hinweise zu den **Paragraphen**:

Sie sind so aufgebaut, dass das grammatische Problem zunächst an **Beispielen** dargestellt wird, aus denen dann eine **Regel** abgeleitet wird.
Diese ist deutlich hervorgehoben und mit dem Symbol [R] gekennzeichnet.
Auf die Beispiele und die Regel musst du deine ganze Aufmerksamkeit konzentrieren.
Danach folgen Hinweise auf besondere Schwierigkeiten und auf Ausnahmen, aber auch wertvolle **Lerntipps**.

In den Paragraphen findest du noch weitere Symbole, die dir die Lektüre erleichtern sollen:

[W] Wiederholung. Hier wird an bereits bekannten Stoff angeknüpft.

[NEU] Hier wird anhand von Beispielen und Regeln der neue Stoff dargeboten.

[✎] Schriftsymbol: Es weist auf die Schreibweise (das Schriftbild) von Wörtern hin.

[🗣] Aussprachesymbol: Es weist auf die Aussprache (das Lautbild) von Wörtern hin. Die Aussprache steht immer in eckigen Klammern, z. B. [artyr].

[T] Hier findest du die deutsche Übersetzung von schwierigen grammatischen Begriffen.

[Zusammenfassung] Wenn wir uns umarmen, so bedeutet dies, dass an dieser Stelle alle Elemente des eingeführten Stoffes noch einmal übersichtlich zusammengefasst werden.

So, und nun viel Erfolg bei der Arbeit mit dem Grammatischen Beiheft.

INHALTSVERZEICHNIS

			Paragraph	Seite
LEÇON 1	A	Das Fragewort *quel, quelle, quels, quelles*	1	5
		Die Adjektive *beau* und *nouveau*	2	6
		Die **Farbadjektive**	3	7
		Das Verb *plaire*	4	8
	B	Die **Demonstrativbegleiter** *ce, cet, cette, ces*	5	9
		Das Verb *courir*	6	9
	B/C	Das *Passé composé* (I): mit *avoir*	7	10
	B/C	Die Bildung des *Participe passé*	8	11
LEÇON 2	A	Die **Verben auf** *-ir* (Gruppe dormir, partir)	9	12
		Die Verben *venir* und *tenir*	10	13
		Das *Passé composé* (II): mit *être*	11	13
		Die **Veränderlichkeit** des *Participe passé* beim *Passé composé* mit *être*	12	14
		Die Bildung des *Participe passé* weiterer unregelmäßiger Verben	13	14
		Wir zählen: die **Zahlen über 100**	14	15
	B	Die **indirekten Objektpronomen** *lui* und *leur*	15	16
		Die **indirekte Rede** und die **indirekte Frage**	16	17
		Das Verb *envoyer*	17	18
LEÇON 3	A	Das Verb *connaître*	18	19
		Der **Relativsatz** mit *qui*	19	19
		Der **Relativsatz** mit *que*	20	20
		Der **Relativsatz** mit *où*	21	20
	B	Die **Veränderlichkeit** des *Participe passé* beim *Passé composé* mit *avoir*	22	21
		Das Adjektiv *vieux*	23	22
LEÇON 4	A	Der **Teilungsartikel**	24	23
		il faut	25	24
		Das Verb *préférer*	26	25
		Vorlieben, Abneigungen ausdrücken *(aimer, préférer, adorer, détester)*	27	25
	B	Das Pronomen *en* (I): **Stellung und Funktion**	28	26
		Das Pronomen *en* (II): **mit nachfolgendem Mengenwort**	29	27
		Das Verb *boire*	30	27
		Die **Verben auf** *-ir* (Gruppe finir)	31	28
		Infinitive mit *à, de* und ohne Präpositionen	32	28
LEÇON 5	A	Das Verb *croire*	33	30
		Das Verb *rire*	34	30
		Die **Verneinung** (IV): *ne… personne*	35	31
	B	Die Bildung des *Imparfait*	36	32
		Die Funktion des *Imparfait*	37	33
		Fragen mit *qui est-ce qui, qui est-ce que, qu'est-ce qui, qu'est-ce que*	38	34

			Paragraph	Seite
LEÇON 6	A	Der unbestimmte Begleiter *tout*	39	35
		Imparfait und *Passé composé* (I): in **Hauptsätzen**	40	36
		Das Verb *vivre*	41	38
	B	Die Verben *conduire* und *construire*	42	38
LEÇON 7		*venir de faire qc*	43	39
		Die **reflexiven Verben** (I): **Präsens** und Reflexivpronomen in Verbindung mit einem **Infinitiv**	44	40
		Die **reflexiven Verben** (II): Das *Passé composé*	45	41
		Der **Imperativ** mit einem **Pronomen** bei **reflexiven** und **nicht-reflexiven** Verben	46	42
		Imparfait und *Passé composé* im **Satzgefüge**	47	42
LEÇON 8	A	Der **Relativsatz** mit **Präposition** + *qui: chez/avec qui*	48	44
	B	Das Pronomen *en* (III)	49	44
		Das Pronomen *y*	50	45
		Das Verb *offrir*	51	46
	C	Die **Ordnungszahlen**	52	47
		Das Verb *devoir*	53	48
		Das Verb *recevoir*	54	48
		Die **Inversionsfrage**	55	49
LEÇON 9	A	Das **unverbundene Personalpronomen**: *moi, toi, lui, elle, nous, vous, eux, elles*	56	50
		Die **Hervorhebung** mit *c'est/ce sont ... qui/que ...*	57	51
		savoir und *pouvoir*	58	52
	B	Das Fragepronomen *quoi*	59	52
		Die **Steigerung** der **Adjektive** (einschließlich *bon*)	60	52
		Das *Plus-que-parfait*	61	54
Révisions		Der **Plural** der **Nomen** (Besonderheiten)		55
		Die **verbundenen** und die **unverbundenen Personalpronomen**		56
		Präpositionen		56
		Regelmäßige und unregelmäßige **Verben**		57
Verzeichnis der **grammatischen Begriffe**				61
Stichwortverzeichnis				64

LEÇON 1

A §1 Das Fragewort „quel"

W Einige Wendungen mit **quel** sind dir schon bekannt:

Tu as **quel** âge?	Wie alt bist du?	(wörtlich: Welches Alter ... ?)
Il est **quelle** heure?	Wie viel Uhr ist es?	(wörtlich: Welche Stunde ... ?)

NEU *Quel* hat im Deutschen unterschiedliche Entsprechungen.
Die Grundbedeutung ist „welcher, welche, welches".

Quel	train	} est-ce que vous prenez?	Welchen Zug ... ?
Quel	hôtel		Welches Hotel ... ?
Quel s	train s		Welche Züge ... ?
Quel s	hôtel s		Welche Hotels ... ?
Quel le	ville	} est-ce que vous visitez?	Welche Stadt ... ?
Quel le	île		Welche Insel ... ?
Quel les	ville s		Welche Städte ... ?
Quel les	île s		Welche Inseln ... ?

  Quel richtet sich in Genus (= maskulin oder feminin) und Numerus (= Singular oder Plural) nach dem Nomen, auf das es sich bezieht.

1. Die Formen von *quel* werden (außer bei Bindung) gleich ausgesprochen:

   quel/quels/quelle/quelles = [kɛl].

   Darum musst du beim Schreiben besonders auf die Angleichung in Genus und Numerus achten.

2. Auch in Verbindung mit *être* (prädikative Verwendung) und im Ausruf richtet sich *quel* nach dem Nomen, auf das es sich bezieht.

   Quelles sont **les heures de visite?**   Wann sind die Besuchszeiten?
   (wörtlich: Welches sind ... ?)

   Quelle surprise!   Welche/Was für eine Überraschung!

cinq 5

§2 Die Adjektive ‚beau' und ‚nouveau'

1. Singular   beau   schön   nouveau   neu

un	**beau**	m usée	un	**nouveau**	m usée
un	**bel**	i mmeuble	un	**nouvel**	i mmeuble
un	**bel**	h ôtel	un	**nouvel**	h ôtel
une	**belle**	boulangerie	une	**nouvelle**	boulangerie

> **R** Die Adjektive *beau* und *nouveau* haben im **Singular** vor **maskulinen Nomen zwei Formen:**
> - *beau/nouveau* vor **Konsonant**,
> - *bel/nouvel* vor **Vokal** oder **stummem h**.
>
> Vor **femininen Nomen** im **Singular** steht immer *belle/nouvelle*.

Bei prädikativer Verwendung (in Verbindung mit *être*) gibt es die Form **bel/nouvel** nicht:

un **beau**	musée	→ Le musée est	} beau.
un **bel**	hôtel	→ L'hôtel est	
un **nouveau**	musée	→ Le musée est	} nouveau.
un **nouvel**	hôtel	→ L'hôtel est	

2. Plural

des	**beaux**	musées	des	**nouveaux**	musées
des	**beaux**	immeubles [z]	des	**nouveaux**	immeubles [z]
des	**belles**	boulangeries	des	**nouvelles**	boulangeries

> **R** Im Plural gibt es nur **eine** Form vor maskulinen und **eine** Form vor femininen Nomen. Das -*x* der maskulinen Form wird vor Vokal und stummem h als [z] gebunden.

§3 Die Farbadjektive

1. Stellung

Die **meisten** Adjektive stehen **nach** dem **Nomen**, auf das sie sich beziehen.
Dazu gehören auch die Farbadjektive, die du in dieser Lektion
kennen lernst:

blanc	weiß	**jaune**	gelb	**orange**	orange	**vert**	grün
bleu	blau	**marron**	(kastanien)braun	**rouge**	rot	**violet**	violett
gris	grau	**noir**	schwarz				

Diese Adjektive stehen alle **nach** dem **Nomen.**

J'aime bien ton jean noir .

Von den wenigen Adjektiven, die **vor** dem **Nomen** stehen, hast du
bisher die folgenden kennen gelernt:

bon	gut	**grand**	groß	**joli**	hübsch	**beau**	schön
mauvais	schlecht	**petit**	klein	**cher**	lieb	**nouveau**	neu
		jeune	jung				

2. Maskulinum und Femininum

Die Farbadjektive zeigen bei der Femininbildung dieselben Unterschiede wie sonstige
Adjektive:

jaune rouge	bleu/bleue [blø] noir/noire [nwar]		gris/grise [gri/griz] vert/verte [vɛr/vɛrt] ⚠ violet/violette [vjɔlɛ/vjɔlɛt] ⚠ blanc/blanche [blã/blãʃ]
Die Adjektive auf **-e** haben nur eine Form für Maskulinum und Femininum	Unterschied nicht hörbar!		Unterschied hörbar!
	Kennzeichnung des Femininums in der Schrift durch **-e**		

J'ai **un** nouveau **pantalon** ver t .   ...grüne Hose.
J'ai **une** nouvelle **chemise** ver te .   ...grünes Hemd.

Mon nouveau **pantalon** est ver t .   ...ist **grün**.
Ma nouvelle **chemise** est ver te .   ...ist **grün**.

> **R** Die Farbadjektive richten sich wie die übrigen Adjektive nach dem Genus
> (= maskulin oder feminin) des Nomens, auf das sie sich beziehen.
> Im Gegensatz zum Deutschen gilt dies auch für das prädikativ verwendete
> Adjektiv.

3. Singular und Plural

Tu aimes **mon blouson bleu** ?	... meine blaue Jacke?
Tu aimes **mes blousons bleus** ?	... meine blauen Jacken?
Tu aimes **ma jupe noire** ?	... meinen schwarzen Rock?
Tu aimes **mes jupes noires** ?	... meine schwarzen Röcke?
Mon **blouson** est **bleu**.	... ist ⎫
Mes **blousons** sont **bleus**.	... sind ⎬ blau.

R Der Plural wird durch Anhängen eines *-s* gebildet.

un T-shirt gris (Aber feminin: une chemise grise
des T-shirts gris des chemises grises)

R Adjektive, die bereits im Maskulinum Singular auf *-s* (oder *-x*) enden, erhalten im Maskulinum Plural kein Mehrzahl-*s*.

Du weißt, dass einige Adjektive unveränderlich sind:
une BD super/extra/sympa/bon marché,
des BD super/extra/sympa/bon marché.

Unveränderlich sind auch die von den Früchten abgeleiteten Farbadjektive *orange* und *marron:*
des pantalons **marron**,   des T-shirts **orange**.

§4 Das Verb ‚plaire'

W Das Verb *plaire* „gefallen" kennst du schon aus den Höflichkeitsformeln

s'il te plaît   (wörtlich: „wenn es dir gefällt") und
s'il vous plaît (wörtlich: „wenn es euch/Ihnen gefällt").

NEU

3. Person Singular: Dach aufs i!

	plaire	[plɛr]
je	plais	[ʒəplɛ]
tu	plais	[typlɛ]
il ⎫		[ilplɛ]
elle ⎬	plaît	[ɛlplɛ]
on ⎭		[õplɛ]
nous	plaisons	[nuplɛzõ]
vous	plaisez	[vuplɛze]
ils ⎫	plaisent	[ilplɛz]
elles ⎭		[ɛlplɛz]

Je vous plais?

B §5 Die Demonstrativbegleiter: ‚ce, cet, cette, ces'

W In § 2 hast du erfahren, dass die Adjektive *beau* und *nouveau* vor maskulinen Nomen im Singular zwei Formen haben:

un **beau** musée
un **bel** hôtel
un **nouveau** musée
un **nouvel** immeuble

NEU Bei den **Demonstrativbegleitern** ist es ebenso.

Qui est	**ce**	garçon?	… dieser Junge
	cet	enfant?	… dieses Kind
	cet	homme?	… dieser Mann
	cette	femme?	… diese Frau
Qui sont	**ces**	hommes?	… diese Männer
	ces	femmes?	… diese Frauen

R
ce	steht vor einem **maskulinen** Nomen im **Singular**, das mit einem **Konsonanten** beginnt.
cet	steht vor einem **maskulinen** Nomen im **Singular**, das mit einem **Vokal** oder einem **stummen *h*** beginnt.
cette	steht vor einem **femininen** Nomen im **Singular**.
ces	steht vor einem Nomen im **Plural.**

1. Durch Anhängen von **-là** kann man den Hinweis verstärken.
   J'achète **ce** livre**-là**.   Ich kaufe dieses Buch da.
2. In Verbindung mit Tageszeiten heißt *ce* „heute".
   ce soir   heute Abend   **Aber:** **ce** soir**-là**   an diesem/jenem Abend
3. Unterscheide: [se] **ces** enfants   diese Kinder
   ses enfants   seine/ihre Kinder

T der Demonstrativbegleiter – das hinweisende Fürwort

§6 Das Verb ‚courir'

Courir („laufen/rennen") ist ein weiteres unregelmäßiges Verb.

	courir	[kurir]
je	cours	[ʒəkur]
tu	cours	[tykur]
il	} court	[ilkur]
elle		[ɛlkur]
on		[õkur]
nous	courons	[nukurõ]
vous	courez	[vukure]
ils	} courent	[ilkur]
elles		[ɛlkur]

J'aime courir après les filles.

Imperative:
Cours.
Courons.
Courez.

§7 Das ‚Passé composé' (I): mit ‚avoir'

W Du kennst bereits eine zusammengesetzte Zeit, das **Futur composé**.
Futur composé heißt wörtlich „zusammengesetzte Zukunft".

Demain, je **vais** regard**er** la télé.

NEU Nun lernst du eine zweite zusammengesetzte Zeit kennen, das **Passé composé**.
Passé composé heißt wörtlich „zusammengesetzte Vergangenheit". Du kannst damit bestimmte Handlungen in der Vergangenheit ausdrücken.

Ce week-end,	Le week-end dernier,
Julien ne **travaille** pas.	il **a** travaill**é** pour l'école et
	il **est** rest**é** à la maison.
Gegenwart (Présent)	Vergangenheit (Passé composé)
Dieses Wochenende arbeitet Julien nicht.	**Letztes Wochenende** **hat** er … gearbeitet und **ist** … geblieben.

R Das **Passé composé** wird gebildet aus einer *Präsensform* von **avoir** oder **être** und dem **Participe passé** („Partizip Perfekt") des Verbs.

In dieser Lektion wird zunächst nur das **Passé composé** mit **avoir** behandelt.

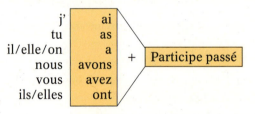

j'	ai
tu	as
il/elle/on	a
nous	avons
vous	avez
ils/elles	ont

+ Participe passé   (z. B.: travaillé, joué, …)

Passé composé

Beachte die **Verneinung**.

J'ai travaillé. Je **n'** ai **pas** joué.   Ich habe nicht gespielt.

R Die **Verneinung** umschließt (wie *beim Futur composé*) die konjugierte Form des Verbs.

T das *Participe passé* – das Partizip Perfekt – das Mittelwort der Vergangenheit

§8 Die Bildung des ‚Participe passé'

1. Regelmäßige Verben

regard **er** →	j'ai regard **é**	[rəgarde]
appel **er** →	j'ai appel **é**	[aple]

R Die Verben auf **-er** bilden das *Participe passé* auf **-é**.

In der Aussprache besteht bei diesen Verben zwischen Infinitiv und *Participe passé* kein Unterschied.
Beim Schreiben musst du aber gut auf die Endungen achten.

Infinitiv	regard**er**	} Endung: **-er**
Futur composé: je vais	regard**er**	
Passé composé: J' ai	regard**é**	Endung: **-é**

répon **dre** →	j'ai répond **u**	[repɔ̃dy]
atten **dre** →	j'ai attend **u**	[atɑ̃dy]

 Die Verben auf **-dre** bilden das *Participe passé* auf **-u** [y].

2. Einige unregelmäßige Verben

faire	j'ai **fait**	[fɛ]	ich habe gemacht
comprendre	j'ai **compris**	[kɔ̃pri]	ich habe verstanden
être	j'ai **été**	[ete]	ich **bin** gewesen
courir	j'ai **couru**	[kury]	ich **bin** gelaufen, gerannt
pouvoir	j'ai **pu**	[py]	ich habe gekonnt
voir	j'ai **vu**	[vy]	ich habe gesehen
vouloir	j'ai **voulu**	[vuly]	ich habe gewollt

onze **11**

LEÇON 2

A §9 Die Verben auf ‚-ir' (Gruppe: ‚dormir, partir')

W Du kennst bereits zwei Gruppen regelmäßiger Verben:

– die Verben auf **-er** (z. B. **chercher**: je cherche, tu cherches, il cherche, nous cherchons, vous cherchez, ils cherchent) und

– die Verben auf **-dre** (z. B. **répondre**: je réponds, tu réponds, il répond, nous répondons, vous répondez, ils répondent).

NEU Nun lernst du **eine dritte Gruppe regelmäßiger** Verben kennen: die Verben auf **-ir**.
Aus dieser Gruppe begegnen dir in Lektion 2:

dormir	schlafen		**mentir**	lügen
sortir	hinausgehen/-fahren/ ausgehen		**partir**	losgehen/wegfahren abfahren/aufbrechen

	dor **m** ir	[dɔrmir]		par **t** ir	[partir]
je	dor **s**	[ʒədɔr]	je	par **s**	[ʒəpar]
tu	dor **s**	[tydɔr]	tu	par **s**	[typar]
il		[ildɔr]	il		[ilpar]
elle } dor **t**		[ɛldɔr]	elle } par **t**		[ɛlpar]
on		[õdɔr]	on		[õpar]
nous	dor **m** ons	[nudɔrmõ]	nous	par **t** ons	[nupartõ]
vous	dor **m** ez	[vudɔrme]	vous	par **t** ez	[vuparte]
ils } dor **m** ent		[ildɔrm]	ils } par **t** ent		[ilpart]
elles		[ɛldɔrm]	elles		[ɛlpart]

Imperativ: Dor **s**. [dɔr]   Par **s**. [par]
Dor **m** ons. [dɔrmõ]   Par **t** ons. [partõ]
Dor **m** ez. [dɔrme]   Par **t** ez. [parte]

R Diese Verben auf **-ir** enden im Präsens auf **-s, -s, -t, -ons, -ez, -ent**. Im Singular fällt der Endkonsonant des Infinitivstamms weg: *je dor͜s*; aber: *dor**m**-ir; nous dor**m**-ons*.

Attention! Le passé composé!

dormir: j'ai dorm **i**
mentir: j'ai ment **i**
sortir: je suis sort **i**
partir: je suis part **i**

R Die Verben auf *-ir* bilden das *Participe passé* auf *-i*.

§10 Die Verben ‚venir' und ‚tenir'

Mit *venir* („kommen") und *tenir* („halten") lernst du zwei weitere unregelmäßige Verben kennen.

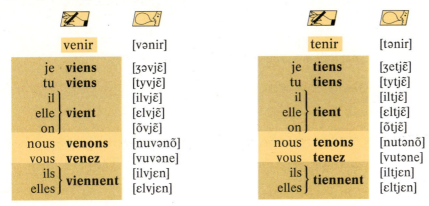

	venir	[vənir]		tenir	[tənir]
je	**viens**	[ʒəvjɛ̃]	je	**tiens**	[ʒetjɛ̃]
tu	**viens**	[tyvjɛ̃]	tu	**tiens**	[tytjɛ̃]
il		[ilvjɛ̃]	il		[iltjɛ̃]
elle	**vient**	[ɛlvjɛ̃]	elle	**tient**	[ɛltjɛ̃]
on		[õvjɛ̃]	on		[õtjɛ̃]
nous	**venons**	[nuvənõ]	nous	**tenons**	[nutənõ]
vous	**venez**	[vuvəne]	vous	**tenez**	[vutəne]
ils		[ilvjɛn]	ils		[iltjɛn]
elles	**viennent**	[ɛlvjɛn]	elles	**tiennent**	[ɛltjɛn]

Imperativ:
  Viens./Venons./Venez.   Tiens./Tenons./Tenez.   Ebenso:
                                                                         revenir
Passé composé: „zurückkommen"
  Je **suis** venu   [vəny]   J'**ai** tenu   [təny]

§11 Das ‚Passé composé' (II): mit ‚être'

W In §7 hast du das *Passé composé* mit *avoir* kennen gelernt.

NEU Nun beschäftigen wir uns mit den Verben, die das *Passé composé* mit *être* bilden.

M. Noblet **est** **parti** à 10 heures,   … ist abgefahren,
mais il **n'**est **pas** encore arrivé.   … ist noch nicht angekommen.

R Nur wenige Verben bilden das *Passé composé* mit *être*.
Sie werden aber häufig verwendet. Da die meisten dieser Verben Gegensatzpaare (↔) bilden, kannst du sie dir gut einprägen.

aller	↔	venir
arriver	↔	partir
entrer	↔	sortir
rentrer	↔	
monter	↔	descendre
partir	↔	revenir
		retourner
sowie:		tomber
		rester

Mit Ausnahme von *rester* handelt es sich um Verben der **Bewegungsrichtung** (Fragen: ‚Woher? Wohin?').

treize 13

§12 Die Veränderlichkeit des ‚Participe passé' beim ‚Passé composé' mit ‚être'

W Du weißt, dass sich auch das prädikativ verwendete Adjektiv nach seinem Beziehungswort richtet.

Pierre est peti **t**.
Christine est peti **te**.

Das **Adjektiv** ist hier mit dem Subjekt durch das Verb *être* verbunden. Es richtet sich deshalb in **Genus** und **Numerus** nach dem **Subjekt**.

Genauso verhält sich das *Participe passé* mit *être*.

Ahmed est allé à Fontainebleau.	-
Julie est parti **e** avec Ahmed.	-e
M. et Mme Lacroix sont arrivé **s** à 17 heures.	-s
Isabelle et Yasmina sont resté **es** à Paris.	-es

R Beim *Passé composé* mit *être* richtet sich das *Participe passé* in **Genus** und **Numerus** nach dem **Subjekt** des Satzes (Frage: Wer?). Bei **gemischtem** Geschlecht (männlich **und** weiblich) richtet es sich nach dem Maskulinum. Das **Femininum** wird in der Schrift durch ein -*e*, der **Plural** durch ein -*s* gekennzeichnet. Diese Endungen werden nicht ausgesprochen.

Wenn eines der Pronomen *je, tu, on, nous* oder *vous* Subjekt des Satzes ist, musst du darauf achten, welche Person(en) dadurch vertreten werden.

Nous sommes parti**es** à 10 heures.   (Julie et Yasmina)
On   est   allé**s** chez Julien.   (On = nous = Luc et Ahmed)
Vous êtes monté**s** au deuxième étage?   (Ahmed et Yasmina)

§13 Die Bildung des ‚Participe passé' weiterer unregelmäßiger Verben

An dieser Stelle erfährst du, wie das *Participe passé* weiterer unregelmäßiger, häufig gebrauchter Verben aussieht:

écrire	j'ai **écrit**	[ekri]	ich habe geschrieben
dire	j'ai **dit**	[di]	ich habe gesagt
mettre	j'ai **mis**	[mi]	ich habe gelegt, gestellt
prendre	j'ai **pris**	[pri]	ich habe genommen

ouvrir	j'ai **ouvert**	[uvɛr]	ich habe geöffnet
avoir	j'ai **eu**	[y]	ich habe gehabt
lire	j'ai **lu**	[ly]	ich habe gelesen
plaire	j'ai **plu**	[ply]	ich habe gefallen
savoir	j'ai **su**	[sy]	ich habe gewusst, erfahren
tenir	j'ai **tenu**	[təny]	ich habe gehalten
venir	je suis **venu(e)**	[vəny]	ich **bin** gekommen
aller	je suis **allé(e)**	[ale]	ich **bin** gegangen

§14 Wir zählen: die Zahlen über 100

Die Zahlen von 1 bis 100 sind dir schon bekannt.

Hier lernst du nun die Zahlen über 100 kennen.

100		**cent**		101		**cent** un
200	deux	**cents**		222	deux	**cent** vingt-deux
300	trois	**cents**		333	trois	**cent** trente-trois
400	quatre	**cents**		444	quatre	**cent** quarante-quatre
500	cinq	**cents**		555	cinq	**cent** cinquante-cinq
600	six	**cents**		666	six	**cent** soixante-six
700	sept	**cents**		777	sept	**cent** soixante-dix-sept
800	huit	**cents**		888	huit	**cent** quatre-vingt-huit
900	neuf	**cents**		999	neuf	**cent** quatre-vingt-dix-neuf
1000		**mille** [mil]				
2000		deux mille				
1 000 000		un **million** [miljõ]				

 Ab 200 haben die vollen Hunderter ein Plural-s.

1. Folgt den Hundertern eine weitere Zahl, haben sie kein Plural-s.

    deux cents
    deux cents élèves   aber: deux cent trente élèves

    Die Verwendung des Plural-s erfolgt also wie bei *quatre-vingts*.

2. **mille** ist unveränderlich:

    l'an deux mille   das Jahr 2000

3. Folgt auf *million(s)* ein Nomen, so wird es wie nach Mengenangaben mit *de* angeschlossen:

    dix millions **d'**hommes   zehn Millionen Menschen

quinze **15**

B §15 Die indirekten Objektpronomen ‚lui' und ‚leur'

W Den Unterschied zwischen dem **direkten** und dem **indirekten** Objekt hast du schon kennen gelernt:

Julie pose **une question** à **Isabelle**.
          direkt   indirekt

Frage: ‚Wen oder Was?'   Frage: ‚Wem?'

Die direkten Objektpronomen der 3. Person kennst du auch schon.
Sie lauten: *le – la – les*

NEU Nun befassen wir uns mit den **indirekten Objektpronomen der 3. Person**.

Qu'est-ce que Céline montre
 à **Karl**? – Elle **lui** montre un pantalon vert.
 à **Sonia**? – Elle **lui** montre un blouson rouge.
 à **Karl, Sonia et Laurent**? – Elle **leur** montre la nouvelle collection.

R Die indirekten Objektpronomen der 3. Person heißen *lui, leur*.
Sie vertreten Personen.

lui steht für **eine** Person, gleichgültig, ob sie maskulin oder feminin ist.

leur steht für **mehrere** Personen, gleichgültig, ob sie maskulin oder feminin sind.

1. Bei den **indirekten Objektpronomen** gelten **dieselben Stellungsregeln** wie bei den direkten Objektpronomen.

Ich öffne ihm die Tür.
Je **lui** ouvre la porte.
Je ne **leur** montre rien.
Je vais **leur** téléphoner.
Je ne vais pas **leur** ouvrir.

2. Vorsicht! Verwechsle das Objektpronomen *leur* nicht mit dem Possessivbegleiter *leur(s)*.

Je **leur** ai montré **leur**s chambres.
Ich habe **ihnen ihre** Zimmer gezeigt.

§16 Die indirekte Rede und die indirekte Frage

1. Karl **dit**
   que les gens n'ont pas de travail et
   qu' il veut faire des vêtements bon marché.

   Karl sagt,
   dass die Leute keine Arbeit haben und
   dass er billige Kleidung herstellen möchte.

2. Il **demande**
   si Sonia aime le jaune ou
   si elle préfère le rouge et
   s' il peut aider à dessiner les modèles.

   Er fragt,
   ob Sonia Gelb mag oder
   ob sie Rot vorziehe und
   ob er beim Zeichnen der Modelle helfen könne.

   Puis, Laurent **veut savoir**
   où ils vont montrer la nouvelle collection.

   Dann will Laurent wissen,
   wo sie die neue Kollektion zeigen werden.

> **R**
> 1. Die indirekte Rede wird durch **que** („dass") eingeleitet.
>   Vor Vokal wird **que** zu **qu'** verkürzt.
> 2. Die indirekte Frage wird durch **si** („ob") oder durch das entsprechende **Fragewort** eingeleitet.
>   Vor **il/ils** wird **si** zu **s'** verkürzt.
> 3. Vor **que/si** oder Fragewort steht kein Komma.

Sonia dit: «J' aime la nouvelle mode.»

Sonia dit qu' elle aime la nouvelle mode.

Sonia sagt, dass sie die neue Mode mag.

> **R**
> Im Gegensatz zum Deutschen ist die Wortstellung in der direkten Rede/Frage und in der indirekten Rede/Frage gleich.

Nathalie demande à Céline: «Tu va**s** m'écrire?»

Nathalie demande à Céline si **elle va lui** écrire.

> **R**
> Bei der Umwandlung von direkter in indirekte Rede/Frage müssen wie im Deutschen Angleichungen vorgenommen werden (bei Pronomen, Verben und Possessivbegleitern).

1. Im Gegensatz zum Deutschen und Englischen kann *que* („dass"/"that") nicht entfallen.
   Junior dit **que** quelqu'un a volé leurs idées.
   Junior sagt, _____ jemand habe ihre Ideen gestohlen.
   Junior says _____ someone has stolen their ideas.

2. In der indirekten Frage steht kein *est-ce que*.
   Sonia demande à Céline: «Est-ce que tu as vu l'atelier?»
   Sonia demande à Céline si _____ elle a vu l'atelier.

§17 Das Verb „envoyer"

Mit *envoyer* („schicken/senden") lernst du ein weiteres unregelmäßiges Verb kennen.

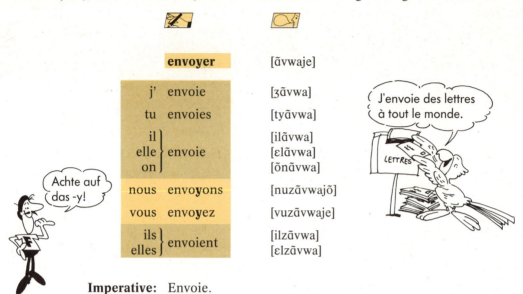

	envoyer	[ãvwaje]
j'	envoie	[ʒãvwa]
tu	envoies	[tyãvwa]
il	envoie	[ilãvwa]
elle		[ɛlãvwa]
on		[õnãvwa]
nous	envo**y**ons	[nuzãvwajõ]
vous	envo**y**ez	[vuzãvwaje]
ils	envoient	[ilzãvwa]
elles		[ɛlzãvwa]

Imperative: Envoie.
Envo**y**ons.
Envo**y**ez.

Passé composé: j'ai envoyé

LEÇON 3

A §18 Das Verb ‚connaître'

Connaître („kennen") ist ein unregelmäßiges Verb.

conna î tre	[kɔnɛtr]
je connais	[ʒəkɔnɛ]
tu connais	[tykɔnɛ]
il ⎫	[ilkɔnɛ]
elle ⎬ conna î t	[ɛlkɔnɛ]
on ⎭	[õkɔnɛ]
nous connaissons	[nukɔnɛsõ]
vous connaissez	[vukɔnese]
ils ⎫ connaissent	[ilkɔnɛs]
elles ⎭	[ɛlkɔnɛs]

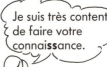

Passé composé:
j'ai connu [kɔny]

In der dritten Person Singular hat *connaître* wie *plaire* ein Dach auf dem *-i-* (einen *accent circonflexe*); das *Participe passé* endet auf *-u*. Beachte aber die Unterschiede im Infinitiv und im Plural.

| il connaît | j'ai connu | aber: | connaître | nous connaissons |
| il plaît | j'ai plu | ⚠ | plaire | nous plaisons |

§19 Der Relativsatz mit ‚qui'

In einem **Relativsatz** kann man Informationen zu Personen oder Sachen geben, die im Hauptsatz erwähnt werden.
Relativsätze werden durch **Relativpronomen** eingeleitet.

——————————— Hauptsatz ———————————
| Mme Noblet, | **qui** est informaticienne, | cherche un emploi. |
| Frau Noblet, | **die** Informatikerin ist, | sucht eine Arbeitsstelle. |

Relativsatz = Info zu Mme Noblet
Relativpronomen = *qui*/die

Subjekt
‚Wer oder Was?'
Wer hilft mir oft?/
Was gefällt mir sehr?

Wir betrachten zunächst Relativsätze mit dem Relativpronomen *qui*.

Arthur est **un copain**	**qui**	m'aide souvent.	... ein Freund, **der** mir oft hilft.
Finesse est **une copine**	**qui**	m'aide souvent.	... eine Freundin, **die** mir oft hilft.
Finesse et Arthur sont **des amis**	**qui**	m'aident souvent.	... Freunde, **die** mir oft helfen.
Ils m'ont fait **un cadeau**	**qui**	me plaît beaucoup.	... ein Geschenk, **das** mir sehr gefällt.

R *Qui* ist **Subjekt** des **Relativsatzes** (Frage ‚Wer oder Was?').
Qui kann sich auf Personen und Sachen im Singular oder Plural beziehen.
Die Form ist immer gleich. Abweichend vom Deutschen wird also beim Relativpronomen nicht zwischen ‚der/die/das' unterschieden.

T das Relativpronomen – das bezügliche Fürwort

§20 Der Relativsatz mit ‚que'

Nun geht es um Relativsätze mit dem Relativpronomen *que*.

Finaud est **un copain**	**que**	j'aime bien.	…Freund, **den** ich mag.
Minnie est **une copine**	**que**	j'aime bien.	…eine Freundin, **die** ich mag.
Minnie et Finaud sont **des amis**	**que**	j'aime bien.	…Freunde, **die** ich mag.
Ils m'ont fait **un cadeau**	**qu'**	ils ont acheté à Paris.	…ein Geschenk, **das** sie in Paris gekauft haben.

direktes Objekt ‚Wen oder Was?'
Wen mag ich gern?/
Was haben sie gekauft?

> **R** *Que* ist **direktes Objekt** des **Relativsatzes** (Frage ‚Wen oder Was?').
> *Que* kann sich auf Personen und Sachen im Singular oder Plural beziehen.
> Die Form ist immer gleich. Abweichend vom Deutschen wird also nicht zwischen ‚den/die/das' unterschieden.
> Vor Vokal (oder stummem *h*) wird *que* zu *qu'* verkürzt.

Que ist ein verflixtes Wort, das unterschiedliche Bedeutungen haben kann.

Je trouve **que** c'est dangereux.
Ich finde, **dass** das gefährlich ist. } Konjunktion

Que fait Luc?
Was macht Luc? } Fragepronomen

Julie est une fille **que** je connais bien.
Julie ist ein Mädchen, **das** ich gut kenne. } Relativpronomen

Je suis un perroquet que tout le monde adore.

§21 Der Relativsatz mit ‚où'

			…eine Stadt, **in die**
Clermont-Ferrand est **une ville**	**où**	Mira va souvent.	Mira oft fährt.
C'est **la ville**	**où**	elle fait ses études.	…die Stadt, **in der/wo** sie studiert.

> **R** Auch *où* (‚wo, wohin') kann Relativpronomen sein.

Voilà l'île où je passe mes vacances.

**B § 22   Die Veränderlichkeit des ‚Participe passé'
              beim ‚Passé composé' mit ‚avoir'**

W Du weißt schon, dass sich das *Participe passé* beim *Passé composé* mit *être* in Genus und Numerus nach dem Subjekt des Satzes richtet (vgl. § 12).

M. Sorel **est** sort**i**.   Mme Sorel et Hélène **sont** sorti**es**.

NEU In bestimmten Fällen wird das *Participe passé* auch in Verbindung mit *avoir* verändert.

– Tu as achet**é** le chocolat?
– Oui, je l' ai achet**é**.   [aʃte]
  Voilà le chocolat que j'ai achet**é**.

– Tu as fai**t** la tarte?
– Oui, je l' ai fai**te**.   [fɛt]
  Voilà la tarte que j'ai fai**te**.

– Tu as prépar**é** les sandwichs?
– Oui, je les ai prépar**és**.   [prepare]
  Voilà les sandwichs que j'ai prépar**és**.

– Tu as fai**t** les salades?
– Oui, je les ai fai**tes**.   [fɛt]
  Voilà les salades que j'ai fai**tes**.

R Beim *Passé composé* mit *avoir* ist das *Participe passé* veränderlich, wenn ihm ein **direktes Objekt** (Wen? Was?) **vorausgeht**.
Dieses direkte Objekt kann ein **direktes Objektpronomen** (z. B. le, la, les) oder das **Relativpronomen** *que* sein.
Das *Participe passé* richtet sich dann in Genus und Numerus nach dem Bezugswort.

Bei den Objektpronomen
me, te, nous, vous musst du überlegen, ob sie direktes Objekt (Frage ‚Wen?') oder indirektes Objekt (Frage ‚Wem?') sind.

Voilà la fille que j'ai vue chez Mme Sorel.

Nathalie dit:

Sébastien   m'a regard**ée**, (regarder **qn**)
mais il   ne m'a pas parl**é**. (parler **à qn**)

§23 Das Adjektiv ‚vieux'

W In § 2 hast du erfahren, dass die Adjektive *beau* („schön") und *nouveau* („neu") im Singular vor maskulinen Nomen zwei Formen haben:

un **beau** musée	un **bel** hôtel
un **nouveau** musée	un **nouvel** immeuble
vor Konsonant	vor Vokal oder stummem *h*

NEU Das Adjektiv *vieux* („alt") zeigt dieselbe Besonderheit:

1. Singular

un **vieux** musée
un **vieil** immeuble
un **vieil** hôtel
une **vieille** maison

Aber:
Ce musée est
Cet immeuble est → **vieux**.
Cet hôtel est

2. Plural

des **vieux** musées
des **vieux** immeubles [z]
des **vieilles** maisons

LEÇON 4

A § 24 Der Teilungsartikel

W Du kennst bereits den Plural des **unbestimmten Artikels**.

M. Saïd apporte **des** oranges.   Herr Saïd bringt Orangen.

Er steht bei zählbaren Dingen im Plural und bezeichnet eine **unbestimmte Anzahl**. Im Deutschen steht in diesem Fall **kein** Artikel.

NEU Bei **nicht zählbaren Dingen** (z. B. fromage, vin, riz) steht im Französischen der **Teilungsartikel**, wenn man eine **unbestimmte Menge** ausdrücken will.

Sébastien achète	**du** coca.	Sébastien kauft	⎫ Coca Cola.
	de la limonade.		⎬ Limonade.
	de l' eau minérale.		⎭ Mineralwasser.
Les jeunes font	**du** bruit.	Die Jugendlichen machen	Krach.
	↓ Teilungsartikel		↓ kein Artikel!

  Der Teilungsartikel *(du/de la/de l')* wird gebildet aus *de* und dem **bestimmten Artikel** *(le/la/l')*. Er bezeichnet eine **unbestimmte Menge** von Dingen, die **man nicht zählen kann**. Der Teilungsartikel steht auch bei abstrakten Begriffen wie ‚bruit'. Im Deutschen steht in diesen Fällen kein Artikel.

| unbestimmte Anzahl (zählbar, z. B. Bananen) | **des** |
| unbestimmte Menge (nicht zählbar, z. B. Kaffee, Zucker) | **du** **de la** **de l'** |

Steht im **Deutschen** bei einem Nomen **kein Artikel**, so steht **im Französischen** meistens *des* (Ich kaufe Orangen. J'achète **des** oranges.) oder der Teilungsartikel (Ich kaufe Schinken. J'achète **du** jambon.)
Einige Ausnahmen lernst du in Paragraph 27 kennen!

Il arrive **sans** voiture.   Er kommt ohne Auto.
Il prend son café **sans** sucre.   Er trinkt seinen Kaffee ohne Zucker.

Nach **sans** steht weder *des* noch der **Teilungsartikel**.

Aber:
Il boit son café **avec du** sucre.   … mit Zucker.
Il est parti **avec des** amis.   … mit Freunden.

vingt-trois **23**

§25 il faut

il faut + Nomen

Pour une fête, **il faut** du jambon ... Für ein Fest **braucht/benötigt man** Schinken ...
　　　　　　　　des CD ... 　　　　　　　　　　　　　　　　　　CDs ...

il faut ist ein **unpersönlicher Ausdruck**. In Verbindung mit einem Nomen hat *il faut* die Bedeutung „man braucht, benötigt".

il me/lui/... faut + Nomen

Pour ma fête, il **me** faut des jus de fruits ... Für mein Fest brauche/benötige **ich** Fruchtsäfte ...
　　　　　　　　des cassettes ... 　　　　　　　　　　　　　　　　Kassetten ...
Franck a faim. Il **lui** faut un sandwich. ... **Er** braucht (jetzt) ...

Durch das Hinzufügen eines indirekten Objektpronomens (me, te, lui, nous, vous, leur) kann der unpersönliche Ausdruck *il faut* auf eine Person bezogen werden (**Ich** brauche/benötige, **du** brauchst/benötigst ...).

il faut + Infinitiv

A l'école, **il faut** travailler. In der Schule **muss man arbeiten**.

Nathalie: Papa a trouvé du travail Papa hat Arbeit
　　　　　à Clermont-Ferrand. in Clermont-Ferrand gefunden.
　　　　　Donc, **il faut** quitter Paris. **Wir müssen** Paris also **verlassen**.

Mme Monnin: Ecoute, Sébastien, après 10 heures ... **musst du/müsst Ihr** ...
　　　　　　il faut baisser la musique.

il faut **mit Infinitiv** hat die Bedeutung „müssen" (Man muss etwas tun.). Aus dem Zusammenhang kannst du erschließen, ob die Aufforderung unpersönlich gemeint ist („man") oder sich an bestimmte Personen richtet („du", „wir" usw.).

Ist *il faut* + Infinitiv verneint, so hat es die Bedeutung „nicht dürfen" oder „nicht brauchen".

§26 Das Verb ‚préférer'

Préférer („vorziehen", „lieber haben/machen")

	✍	🗨
	préférer	[prefere]
je	préf **è** re	[ʒəprefɛr]
tu	préf **è** res	[typrefɛr]
il elle on }	préf **è** re	[ilprefɛr] [ɛlprefɛr] [õprefɛr]
nous	préf **é** rons	[nuprefərõ]
vous	préf **é** rez	[vuprefere]
ils elles }	préf **è** rent	[ilprefɛr] [ɛlprefɛr]

Passé composé: J'ai préféré.

Ebenso: espérer („hoffen")

§27 Vorliebe, Abneigung ausdrücken (aimer/préférer/adorer/détester)

J'aime	**le**	coca.	Ich trinke gern/mag	⌴ Coca Cola.
Je préfère	**l'**	eau minérale.	Ich trinke lieber/ziehe	⌴ Mineralwasser (vor).
J'adore	**les**	pommes.	Ich esse/mag sehr gerne	⌴ Äpfel.
Je déteste	**l'**	alcool.	Ich verabscheue/ mag ... überhaupt nicht	⌴ Alkohol.

R Nach Verben wie *aimer/préférer/adorer/détester* steht der **bestimmte Artikel**, wenn man eine **allgemeine Vorliebe** oder **Abneigung** ausdrücken will. Im **Deutschen** steht auch hier **kein Artikel** (vgl. den Teilungsartikel, §24).

B §28 Das Pronomen ‚en' (I): Funktion und Stellung

Du kennst bereits die direkten Objektpronomen *(le/la/les/…)* und die indirekten *(lui/leur/…)*. Nun lernst du als weiteres Pronomen *en* kennen. Man kann es wörtlich mit „davon" übersetzen.

Tu prends	**du** coca?		
Oui, j'	**en** prends.		wörtlich: Ja, ich nehme davon.
Et toi, tu prends	**de la** limonade?		
Oui, j'	**en** prends.		wörtlich: Ja, ich nehme davon.
Tu prends aussi	**des** fruits?		
Oui, j'	**en** prends aussi.		wörtlich: Ja, ich nehme auch davon.

> **R** Das Pronomen *en* vertritt Ergänzungen mit *de* (z. B. Teilungsartikel, unbestimmter Artikel Plural).

Tu prends aussi	**du fromage**?		
Non, je **n'**	**en**	prends **pas**.	
Mais tu prends	**du coq au vin**?		
Non, merci, j'	**en**	**ai** déjà **pris**.	
Tu prends peut-être	**de la salade de riz**?		
Je **vais**	**en**	**prendre** après.	
Il y a encore	**du jambon**?		
Non, il **n'**	**y en**	a plus.	

In Frankreich sprechen auch die Esel durch die Nase. Sie machen nicht i-a, sondern hi-han [iã]. An dieser Lautfolge kannst du dir die Abfolge von y und en im Satz merken.

Hi-han! Hi-han!

> **R** Das Pronomen *en* folgt denselben Stellungsregeln wie die anderen Pronomen:
> – Es steht **vor der konjugierten Verbform**.
> – Es wird **von der Verneinungsklammer eingeschlossen**.
> – Folgt dem Verb ein Infinitiv, steht *en* **vor dem Infinitiv**.
>
> Wird *en* mit *il y a* gebraucht, so steht *y* vor *en* (il y **en** a).

§29 Das Pronomen ‚en' (II): mit nachfolgendem Mengenwort

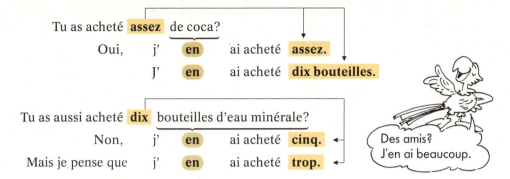

Tu as acheté **assez** de coca?
   Oui, j' **en** ai acheté **assez.**
   J' **en** ai acheté **dix bouteilles.**

Tu as aussi acheté **dix** bouteilles d'eau minérale?
   Non, j' **en** ai acheté **cinq.**
   Mais je pense que j' **en** ai acheté **trop.**

 Besteht die Ergänzung aus einem **Mengenwort** *(assez, peu, beaucoup)* + **de** + **Nomen**, so vertritt *en* im nachfolgenden Satz **de** + **Nomen** (hier: de coca).
Besteht die Ergänzung aus **Zahlwort** + **Nomen** (hier: dix bouteilles), so vertritt *en* das **Nomen** (hier: bouteilles).
Das **Mengen- oder Zahlwort** wird im nachfolgenden Satz wieder aufgegriffen oder durch eine andere Mengenangabe ersetzt.

Auf *en* als Vertreter eines Mengen- oder Zahlwortes musst du besonders achten, weil es im Deutschen keine Entsprechung hat.
Tu as des amis? – Oui, j' **en** ai cinq. – Ja, ich habe fünf ___.
Tu as des amies? – Oui, j' **en** ai une. – Ja, ich habe eine ___.

§30 Das Verb ‚boire'

Mit **boire** („trinken") lernst du ein weiteres unregelmäßiges Verb kennen.

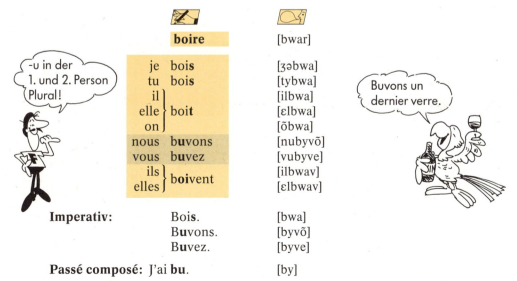

	boire	[bwar]
je	bois	[ʒəbwa]
tu	bois	[tybwa]
il		[ilbwa]
elle	boit	[ɛlbwa]
on		[õbwa]
nous	b**u**vons	[nubyvõ]
vous	b**u**vez	[vubyve]
ils	boivent	[ilbwav]
elles		[ɛlbwav]

Imperativ: Bois.   [bwa]
                B**u**vons.   [byvõ]
                B**u**vez.   [byve]

Passé composé: J'ai **bu**.   [by]

§ 31 Die Verben auf ‚ir' (Gruppe finir)

In § 9 hast du schon eine Gruppe regelmäßiger Verben auf ‚ir' (dormir, partir, sortir ...) kennen gelernt (je dors, tu dors, il dort, nous dormons, vous dormez, ils dorment).

Nun lernst du eine zweite Gruppe regelmäßiger Verben auf ‚ir' kennen.

	finir	[finir]
je	fini **s**	[ʒəfini]
tu	fini **s**	[tyfini]
il		[ilfini]
elle	fini **t**	[ɛlfini]
on		[õfini]
nous	fin **iss** ons	[nufinisõ]
vous	fin **iss** ez	[vufinise]
ils		[ilfinis]
elles	fin **iss** ent	[ɛlfinis]

Achte besonders auf die sogenannte Stammerweiterung mit **-iss** in der 1. bis 3. Person Plural.

Ebenso:
- **réussir** = gelingen
- **réagir** = reagieren
- **choisir** = etw. wählen, aussuchen
- **réfléchir** = nachdenken, überlegen

Imperativ:
- Fini s. [fini]
- Fin iss ons. [finisõ]
- Fin iss ez. [finise]

Passé composé: j'ai **fini** [fini]

Auch diese Verben auf *-ir* enden im Präsens auf *-s, -s, -t, -ons, -ez, -ent*. Achte aber auf das *-iss* in der 1. bis 3. Person Plural.

réussir:	j'ai réuss **i**
réagir:	j'ai réag **i**
choisir:	j'ai chois **i**
réfléchir:	j'ai réfléch **i**

Die Verben auf *-ir* bilden das Participe passé auf *-i*.

§ 32 Infinitive mit ‚à', ‚de' und ohne Präpositionen

Wie im Deutschen können im Französischen auf bestimmte Verben Infinitive folgen.

Er **will** abreisen.   Il **veut** partir.

Die Infinitive werden aber im Französischen unterschiedlich an das Verb angeschlossen:
– ohne Präposition   Il aime   **bavarder**.
– mit der Präposition *à*   Elle continue   **à**   **raconter** des histoires.
– mit der Präposition *de*   Ils décident   **de**   **parler** à leur prof.

Folgende Verben hast du bisher kennen gelernt:

Anschluss **ohne** Präposition

J'	**espère**	trouver des amis.	espérer faire qc	hoffen, etwas zu tun
Il	**préfère**	discuter avec son père.	préférer faire qc	vorziehen, etwas zu tun/etwas lieber tun
Il	**peut**	attendre.	pouvoir faire qc	etwas tun können/in der Lage sein, etwas zu tun
Elle	**veut**	jouer au foot.	vouloir faire qc	etwas tun wollen
Elle	**sait**	discuter.	savoir faire qc	etwas tun können (wissen, wie es geht)
Nous	**aimons**	visiter une ville.	aimer faire qc	etwas gern tun
Je	**désire**	retourner à Paris.	désirer faire qc	etwas zu tun wünschen

Anschluss mit der Präposition *à*

Il	**continue**	à sortir avec Nicole.	continuer à faire qc	fortfahren, etwas zu tun/etwas weitermachen
Il	**réussit**	à monter à cheval.	réussir à faire qc	gelingen, etwas zu tun/etwas fertig bringen/ etwas schaffen
Tu m'	**aides**	à retrouver ma chemise?	aider qn à faire qc	jdm. helfen, etwas zu tun
Il	**commence**	à aimer l'école.	commencer à faire qc	anfangen, etwas zu tun
Elle	**invite**	ses amis à faire une promenade.	inviter qn à faire qc	jdn. einladen, etwas zu tun

Anschluss mit der Präposition *de*

Il	**décide**	d'inviter des amis.	décider de faire qc	beschließen, etwas zu tun
Elle	**rêve**	de retourner à Paris.	rêver de faire qc	davon träumen, etwas zu tun
Il	**demande**	à son copain de fermer la fenêtre.	demander à qn de faire qc	jdn. darum bitten, etwas zu tun

Lerne bei all diesen Verben den Infinitiv-Anschluss immer gleich mit.

– Tu ne **veux** pas venir ce soir?

– Non, j'ai beaucoup de devoirs et aujourd'hui, mon père ne m'**aide** pas à les **faire**.

R Bei den Verben mit Infinitiv umschließt die Verneinung ganz regelmäßig das konjugierte Verb.

LEÇON 5

A § 33 Das Verb ‚croire'

Croire („glauben") ist ein neues unregelmäßiges Verb.

Kein Problem! Die Formen von *croire* werden wie die von *voir* gebildet.

	croire	[krwar]
je	crois	[ʒəkrwa]
tu	crois	[tykrwa]
il		[ilkrwa]
elle	croit	[ɛlkrwa]
on		[õkrwa]
nous	croyons	[nukrwajõ]
vous	croyez	[vukrwaje]
ils		[ilkrwa]
elles	croient	[ɛlkrwa]

Imperativ: Crois. Croyons. Croyez.

Passé composé: J'ai cru. [kry]

Je crois que je suis malade.

§ 34 Das Verb ‚rire'

Rire („lachen") ist ein weiteres unregelmäßiges Verb.

Ebenso: sourire („lächeln")

	rire	[rir]
je	ris	[ʒəri]
tu	ris	[tyri]
il		[ilri]
elle	rit	[ɛlri]
on		[õri]
nous	rions	[nurijõ]
vous	riez	[vurije]
ils		[ilri]
elles	rient	[ɛlri]

Imperativ: Ris. Rions. Riez.

Passé composé: J'ai ri. [ri]

Häng bloß kein *-s* oder *-t* an *ri*-Participe passé!

§35 Die Verneinung (IV): ‚ne ... personne'

W Du kennst bereits verschiedene Formen der Verneinung:

Je ne suis pas / plus / jamais malade.

Je n' entends rien.

NEU Auch die Verneinung mit *ne ... personne* umschließt das Verb:

Je ne vois personne.   Ich sehe **niemanden**.

Die neue Form *ne ... personne* („niemand") hat gegenüber den dir bekannten Verneinungen eine Besonderheit.

Je n' ai **rien** entendu.
Je n' ai vu **personne**.
Je ne veux **rien** entendre.
Je ne veux voir **personne**.

R Im Gegensatz zu den anderen Verneinungswörtern steht *personne* **nach** dem *Participe passé* und **nach** dem Infinitiv.

B §36 Die Bildung des ‚Imparfait'

Du kennst bereits verschiedene Zeitformen des Verbs, das **Präsens** *(Julien ne travaille pas aujourd'hui.)*, das **Futur composé** *(Julien va travailler demain.)* und das **Passé composé** *(Le week-end dernier, Julien a travaillé.)*. Nun lernst du eine zweite Zeitform der Vergangenheit kennen, das *Imparfait*.

Aujourd'hui,
- nous regard **ons** la télé.
- nous av **ons** des supermarchés.

A l'époque,
- on écout **ait** la radio.   ...hörte man...
- il y av **ait** beaucoup de petits magasins. ...gab es...

je	regard	-ais
tu	pren	-ais
il elle on	av	-ait
nous	réagiss	-ions
vous	attend	-iez
ils elles	dorm	-aient

Ah! Le bon vieux temps!

R *Das Imparfait* wird aus dem **Stamm** der **1. Person Plural Präsens** gebildet. An diesen Stamm hängt man die Endungen *-ais, -ais, -ait, -ions, -iez, -aient*.

Diese Regel gilt für alle regelmäßigen und fast alle unregelmäßigen Verben:

boire	écrire	faire
nous **buv**ons	nous **écriv**ons	nous **fais**ons
je **buv**ais	j'**écriv**ais	je **fais**ais

savoir	venir	voir
nous **sav**ons	nous **ven**ons	nous **voy**ons
je **sav**ais	je **ven**ais	je **voy**ais

Ausnahmen sind:

être	falloir
nous **somm**es	il **faut**
j'**ét**ais	il **fall**ait

Bei *manger* und *commencer* musst du wieder auf eine kleine Besonderheit achten:

nous mang**e**ons	Bei den Verben auf *-ger*
je mang**e**ais	wird vor *– a –* und *– o –*
tu mang**e**ais usw.	ein *– e –* eingefügt,
	um die Aussprache [ʒ]
Aber: nous mang**i**ons	zu kennzeichnen.

nous commen**ç**ons	Bei den Verben auf *-cer*
je commen**ç**ais	wird vor *– a –* und *– o –*
tu commen**ç**ais usw.	das *– c –* mit *cédille* (ç)
	geschrieben, um die Aussprache [s]
Aber: nous commen**c**ions	zu kennzeichnen.

Vor *-e –* und *-i –* steht die *cédille* nie!

§ 37 Die Funktion des ‚Imparfait'

Du hast schon gelernt, dass man mit dem *Passé composé* bestimmte Handlungen in der Vergangenheit ausdrückt (vgl. § 7). Die folgenden Beispiele zeigen dir, was man mit dem **Imparfait** ausdrücken kann:

En 1850, beaucoup de Français **étaient** pauvres.	…waren viele Franzosen arm.
Ils ne **partaient** jamais en vacances.	…fuhren nie…
Ils **avaient** souvent faim.	…hatten oft…

 Das *Imparfait* beschreibt **Zustände** und **gewohnheitsmäßige Handlungen** in der Vergangenheit.
Das *Imparfait* steht, wenn man fragen kann: Was **war** damals? Was **geschah** zu jener Zeit/damals **häufig** oder **regelmäßig**?

§38 Fragen mit ‚qui est-ce qui', ‚qui est-ce que', ‚qu'est-ce qui' und ‚qu'est-ce que'

Du kannst schon nach **Subjekt** und **direktem Objekt** fragen:

– **Qui** est là? (Wer?)
– Et **qui est-ce que** Sébastien voit quand il entre dans la cuisine? (Wen?)
– **Que** fait Julie? (Was?)
– Mais Luc, **qu'est-ce qu'**il fait? (Was?)

Wir wollen die Fragemöglichkeiten hier vervollständigen:

1. Die Frage nach Personen

	On			frappe.		
Subjekt	Qui	est-ce	qui	arrive?	Wer?	Wörtl.: „Wer ist es, **der**"
Dir. Objekt	Qui	est-ce	que	tu as invité? J'ai invité **Luc**.	Wen?	Wörtl.: „Wer ist es, **den**"

> Mit *qui est-ce qui* fragt man nach **Personen**, die **Subjekt** sind.
> Mit *qui est-ce que* fragt man nach **Personen**, die **direktes Objekt** sind.

2. Die Frage nach Sachen

	Quelque chose			me manque.		
Subjekt	Qu'	est-ce	qui	te manque?	Was?	Wörtl.: „Was ist es, **das**"
Dir. Objekt	Qu'	est-ce	que	tu prends? Je prends **un fruit**.	Was?	Wörtl.: „Was ist es, **das**"

> Mit *qu'est-ce qui* fragt man nach **Sachen**, die **Subjekt** sind.
> Mit *qu'est-ce que* fragt man nach **Sachen**, die **direktes Objekt** sind.

Hier noch einmal auf einen Blick die Kombinationen, die du zum Fragen nach dem Subjekt und dem direkten Objekt brauchst:

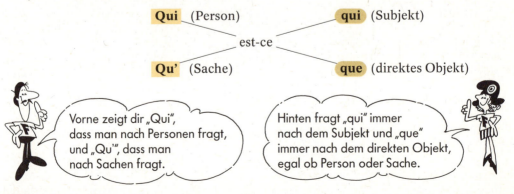

LEÇON 6

A §39 Der unbestimmte Begleiter ‚tout'

W Du hast schon verschiedene Begleiter kennen gelernt:

- den unbestimmten Artikel: **un** ami, **une** fille, **des** élèves
- den bestimmten Artikel: **le** groupe, **la** Seine, **les** copains
- den Possessivbegleiter: **mon** frère, **ma** mère, **mes** amis
- den Demonstrativbegleiter: **ce** journal, **cette** station, **ces** jupes

NEU Nun lernst du den Begleiter *tout* kennen.

Ils ont mangé	**tout**	le	gâteau.	…den **ganzen** Kuchen.
	toute	la	mousse au chocolat.	…die **ganze** Mousse au chocolat.
	tous	mes	sandwichs.	…**alle** meine Sandwichs.
	toutes	nos	sucettes.	…**alle** unsere Lutscher.

Achtung!
Ein weiterer Begleiter.
Er steht immer
nach *tout*.

R *Tout* richtet sich wie ein Adjektiv nach **Genus** (= maskulin/feminin) und **Numerus** (= Singular/Plural) des Nomens, auf das es sich bezieht.
Der **zweite Begleiter** steht immer **hinter** *tout*.

Zusammenfassung

tout [tu]	toute [tut]	+ Begleiter	+ Nomen
tous [tu]	toutes [tut]		

tous schreibt man ohne *t*, obwohl es der Plural von *tout* ist.

Vergleiche:

 F   toute | la | salade

D   der | ganze | Salat

GB   all | the | salad

trente-cinq **35**

6

§ 40 „Imparfait" und „Passé composé" (I): in Hauptsätzen

Du hast mit dem **Passé composé** (§ 7/11) und dem **Imparfait** (§ 36/37) zwei Zeiten der Vergangenheit kennen gelernt. Du sollst nun lernen, wann man welche der beiden Zeiten bei einer Erzählung in der Vergangenheit benutzt.

Vergangenheit

Imparfait	Passé composé
Im *Imparfait* sieht der Sprecher das Vergangene	Im *Passé composé* sieht der Sprecher das Vergangene
• **zeitlich unbegrenzt,** d. h. Anfang und Ende interessieren ihn hier nicht	• **zeitlich begrenzt**
Der Sprecher **beschreibt**	Der Sprecher **erzählt**
• **Zustände, Situationen, Begleitumstände**	• Ereignisse und Handlungen **mit deutlichem Anfang und/oder Ende**
• **gewohnheitsmäßige Handlungen,** die sich wiederholen oder **parallel verlaufen** und zeitlich ohne Begrenzung sind.	• **einmalige Handlungen** und **aufeinanderfolgende Handlungen** (= Handlungsketten)
• Geschehnisse, die sich mehr **im Hintergrund** abspielen und den Rahmen für eine Handlung darstellen	• Ereignisse, die sich im **Vordergrund** abspielen
Er **gibt** • **Erklärungen, Kommentare** und **Hintergrundinformation**	

Fragen	**Fragen**
Was war (schon/noch)? Was war gerade? Wie war es?	Was geschah/passierte einmal? Was geschah/passierte dann? Und dann?

Depuis des années, j'étais seul.
Je n'avais pas d'amie.

Mais hier,
j'ai rencontré une jolie fille,
et je suis tombé amoureux.

Wir wollen den Gebrauch von *Imparfait* und *Passé composé* an einem Beispiel verdeutlichen:

	Imparfait		Passé composé	
Der Sprecher schildert eine Situation in der Vergangenheit, spricht über Gewohnheiten. Was war damals?	Mon père était paysan. Nous vivions dans un petit village. Il n'aimait pas la vie au village. Moi, j'aimais la musique, je chantais souvent, je jouais de la guitare.			
			Un jour, mon père a trouvé du travail chez Michelin. Alors, nous sommes partis à Clermont-Ferrand.	Eine Veränderung findet statt. Eine neue Handlung setzt ein.
Der Sprecher stellt einen Zustand dar. Wie war es?	Sans mes amis, je me sentais seul. Je n'aimais pas la grande ville. Je ne connaissais personne.			
			Mais au lycée, j'ai trouvé des copains.	Der Sprecher sieht den Vorgang als abgeschlossen an.
Darstellung von Gewohnheiten. Was taten sie gewöhnlich?	Ils allaient chaque jour dans un club de jeunes où ils faisaient de la musique.			
			On a acheté des instruments, on a créé un groupe et on a commencé à jouer dans les rues.	Der Sprecher stellt nacheinander ablaufende Handlungen dar (Handlungskette).
Der Sprecher beschreibt den Rahmen, in dem sich ein wichtiges Ereignis abspielt.	Tous les après-midis, nous faisions de la musique au centre-ville. Beaucoup de gens nous écoutaient.			
			Un jour, un monsieur est arrivé et nous a dit bonjour.	Eine neu eintretende Handlung. Ein Ereignis mit deutlichem Anfang.
Der Sprecher gibt eine Hintergrundinformation.	Il était producteur.			
			Il nous a proposé de faire un disque.	Der Sprecher schildert ein einmaliges Ereignis.

 Begleitumstände und **gewohnheitsmäßige Handlungen**, die als **zeitlich unbegrenzt** angesehen werden, stehen im *Imparfait*.
Zeitlich begrenzt gesehene Vorgänge und Handlungen wie **Handlungsketten** und **einmalige Handlungen** stehen im *Passé composé*.

§41 Das Verb ‚vivre'

Mit *vivre* („leben") lernst du ein neues unregelmäßiges Verb kennen.

	vivre	[vivr⟨ə⟩]
je	vis	[ʒəvi]
tu	vis	[tyvi]
il		[ilvi]
elle	vit	[ɛlvi]
on		[õvi]
nous	vivons	[nuvivõ]
vous	vivez	[vuvive]
ils		[ilviv]
elles	vivent	[ɛlviv]

Imperativ: Vis. [vi]
Vivons. [vivõ]
Vivez. [vive]

Passé composé: J'ai vécu. [veky]

Imparfait: Je vivais. [ʒəvivɛ]

B §42 Die Verben ‚conduire' und ‚construire'

Die Verben *conduire* („fahren/lenken") und *construire* („bauen") haben die gleichen Endungsschemata.

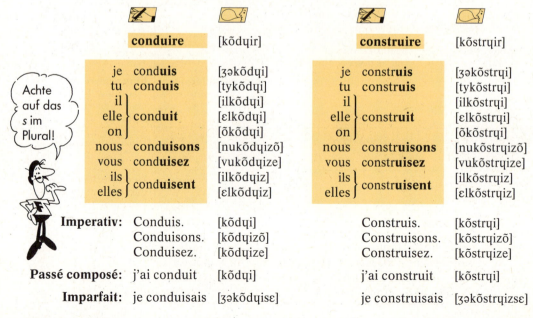

Achte auf das s im Plural!

	conduire	[kõdɥir]		construire	[kõstrɥir]
je	conduis	[ʒəkõdɥi]	je	construis	[ʒəkõstrɥi]
tu	conduis	[tykõdɥi]	tu	construis	[tykõstrɥi]
il		[ilkõdɥi]	il		[ilkõstrɥi]
elle	conduit	[ɛlkõdɥi]	elle	construit	[ɛlkõstrɥi]
on		[õkõdɥi]	on		[õkõstrɥi]
nous	conduisons	[nukõdɥizõ]	nous	construisons	[nukõstrɥizõ]
vous	conduisez	[vukõdɥize]	vous	construisez	[vukõstrɥize]
ils		[ilkõdɥiz]	ils		[ilkõstrɥiz]
elles	conduisent	[ɛlkõdɥiz]	elles	construisent	[ɛlkõstrɥiz]

Imperativ: Conduis. [kõdɥi] Construis. [kõstrɥi]
Conduisons. [kõdɥizõ] Construisons. [kõstrɥizõ]
Conduisez. [kõdɥize] Construisez. [kõstrɥize]

Passé composé: j'ai conduit [kõdɥi] j'ai construit [kõstrɥi]

Imparfait: je conduisais [ʒəkõdɥisɛ] je construisais [ʒəkõstrɥizsɛ]

LEÇON 7

§43 ‚Venir de faire qc'

W Du kennst schon die Wendung *aller faire qc*, die oft eine **nahe Zukunft** ausdrückt:

– Est-ce que Luc est déjà là?
– Non, mais il **va arriver** tout de suite.   Er **kommt gleich**.

NEU Eine ähnliche Wendung gibt es für die **unmittelbare Vergangenheit**.

– Tu as écrit la lettre?
– Oui, **je viens de** la finir.   Ich habe ihn **gerade** beendet/fertig geschrieben.

– Les invités sont là?
– Oui, ils **viennent d'**arriver.   Sie sind **gerade** angekommen.

 Mit der Wendung *venir de faire qc* drückt man aus, dass man gerade etwas getan hat/dass gerade etwas passiert ist.

§44 Die reflexiven Verben (I): Präsens

Je **me** repose.   Ich ruhe **mich** aus.

Das reflexive Verb hat ein Reflexivpronomen bei sich, das sich auf das Subjekt zurückbezieht (hier: *me*).

se laver (sich waschen)   **s'habiller** (sich anziehen)

je	**me**	lave	(...mich)		je	**m'**	habille	(...mich an)
tu	**te**	laves	(...dich)		tu	**t'**	habilles	(...dich an)
il/elle/on	**se**	lave	(...sich)		il/elle/on	**s'**	habille	(...sich an)
nous	**nous**	lavons	(...uns)		nous	**nous**	habillons	(...uns an)
vous	**vous**	lavez	(...euch)		vous	**vous**	habillez	(...euch an)
ils/elles	**se**	lavent	(...sich)		ils/elles	**s'**	habillent	(...sich an)

- Die **Reflexivpronomen** lauten *me, te, se, nous, vous, se*.
- *me, te, se* werden vor Vokal und stummem *h* auf *m', t', s'* verkürzt.
- Sie stehen wie die Objektpronomen vor der konjugierten Verbform.

Kein Problem: *me, te, nous, vous* – wie die Objektpronomen

Je m'habille.   Je ne me repose pas.

Die Verneinung umschließt Reflexivpronomen und konjugiertes Verb wie eine Klammer.

Die Reflexivpronomen in Verbindung mit einem Infinitiv:

– Tu **veux te** reposer un peu?

– Non, je n' ai pas envie de **me** reposer.

In Verbindung mit einem Infinitiv steht das Reflexivpronomen wie die Objektpronomen *(le, la, les, lui, leur)* **vor dem Infinitiv**. Diese Stellung gilt auch im verneinten Satz.

T reflexiv: sich (auf das Subjekt) zurückbeziehend, rückbezüglich

§45 Die reflexiven Verben (II): Das ‚Passé composé'

Das *Passé composé* der reflexiven Verben unterscheidet sich in einem wesentlichen Punkt vom Deutschen:

Je me **suis** habillé.   Ich **habe** mich angezogen.

Das *Passé composé* der reflexiven Verben wird mit **être** + *Participe passé* gebildet.

Beim *Passé composé* musst du besonders auf die Endungen achten:

Il	**s'**	est	lav**é**.
Elle	**s'**	est	lav**ée**.
Ils	**se**	sont	lav**és**.
Elles	**se**	sont	lav**ées**.

laver **qn**

Il	**s'**	est	lavé	les mains.
Elle	**s'**	est	lavé	les mains.
Ils	**se**	sont	acheté	un pantalon.
Elles	**se**	sont	acheté	une robe.

laver les mains **à** qn

acheter qc **à** qn

Direktes Objekt (Wen? Was?)

Folgt dem reflexiven Verb ein direktes Objekt (Frage: Wen? Was?), so bleibt das *Participe passé* unverändert!

Das Reflexivpronomen kann sowohl **direktes** als auch **indirektes** Objekt sein. Das *Participe passé* wird verändert, wenn das Reflexivpronomen **direktes** Objekt ist, und richtet sich dann nach dem Subjekt.

Je **m'**appelle Arthur.   Ich heiße __ Arthur.

Muriel **s'**est levée.   Muriel ist __ aufgestanden.

Es gibt Verben, die im Französischen reflexiv, im Deutschen aber nicht reflexiv sind. Das Reflexivpronomen wird dann nicht übersetzt; das *Participe passé* richtet sich nach dem Subjekt.

7

§ 46 Der Imperativ mit einem Pronomen bei reflexiven und nicht-reflexiven Verben

Cherche-**le**.	**Ne le**	cherche	**pas**.
Téléphone-**lui**.	**Ne lui**	téléphone	**pas**.
Couchons-**nous**.	**Ne nous**	couchons	**pas**.
Levez-**vous**.	**Ne vous**	levez	**pas**.
Regarde-**moi**.	**Ne me**	regarde	**pas**.
Repose-**toi**.	**Ne te**	repose	**pas**.

R Beim **bejahten Imperativ** der reflexiven und nicht-reflexiven Verben stehen die Pronomen **hinter dem Verb**. Sie werden mit einem **Bindestrich** angeschlossen. Statt *me* und *te* verwendet man dabei die **betonten** Formen **moi** und **toi**.
Beim **verneinten Imperativ** ist die Wortstellung **wie im Aussagesatz**. Die Pronomen stehen **vor dem konjugierten Verb**.

§ 47 ,Imparfait' und ,Passé composé' im Satzgefüge

Die Verbindung von einem Hauptsatz und einem Nebensatz nennt man Satzgefüge. Du kennst schon die Regeln für die Verwendung von *Imparfait* und *Passé composé* bei einer Folge von Hauptsätzen. Im Satzgefüge gelten dieselben Regeln wie dort.

Pendant que **Marc Dixier rentrait** chez lui,	**un veau est mort** dans son étable.
Il était entre Riom et Clermont-Ferrand,	quand **il a commencé** à neiger.
Comme **il ne voyait** plus rien,	**il s'est arrêté**.
Imparfait Was war?	**Passé composé** Was geschah (dann)?

R Im Satzgefüge erscheint häufig die Zeitenfolge *Imparfait – Passé composé*: ein Zustand/gerade andauernder Vorgang wird von einem Ereignis durchbrochen.

Quand **il a vu** la barrière blanche, **il s'est arrêté** tout de suite.

> **R** Folgen in einem Satzgefüge zwei Handlungen aufeinander, so stehen beide Handlungen im *Passé composé*.

Tout à coup, **il a vu** les phares d'une voiture **qui roulait** vers lui.

Passé composé	*Imparfait*
Was geschah?	Was war (dabei) schon?

> **R** Relativsätze stellen meistens beschreibende Ergänzungen dar und stehen dann im *Imparfait*.

Pendant que **Marc roulait**, **il pensait** à son travail.

Même quand **il était** loin de sa ferme, **il pensait** à ses enfants.

> **R** Wenn Haupt- und Nebensatz gleichzeitig verlaufende Vorgänge ausdrücken, stehen beide im *Imparfait*.

Die Beispielsätze zeigen dir, wann bei *quand* das *Passé composé* und wann das *Imparfait* stehen muss.

Bei *pendant que* kein Problem: Stets *Imparfait*, sehr angenehm.

LEÇON 8

A § 48 Der Relativsatz mit Präposition + qui: chez/avec qui

W Du hast bereits gelernt, dass das Relativpronomen *qui* Personen und Sachen vertreten kann:

Céline, **qui** travaille à la «Boîte à idées», aime les couleurs gaies.
Son atelier, **qui** se trouve à Paris, lui plaît beaucoup.

NEU Das Relativpronomen *qui* steht auch nach **Präpositionen**. Schau dir die folgenden Beispiele an:

Céline n'est jamais d'accord **avec** Laurent.
Céline déteste Laurent **avec qui** elle n'est jamais d'accord.

Céline travaille **chez** Sonia.
Sonia, **chez qui** Céline travaille, a une bonne équipe.

R Vertritt *qui* Personen, kann es auch nach einer Präposition verwendet werden.

Gebrauche *qui* nach Präposition nur als Vertreter einer Person!

B § 49 Das Pronomen ‚en' (III)

W In § 28 und 29 hast du das Pronomen **en** schon kennen gelernt. Es vertritt **Ergänzungen mit de** (unbestimmte Menge/Anzahl).

Tu prends **des croissants** aujourd'hui?
Oui, j' **en** prends.   Ja, ich nehme **welche** (wörtlich: davon).

NEU Nun lernst du eine weitere Anwendung dieses Pronomens kennen.

Tu reviens **de la boulangerie?**
Oui, j' **en** reviens.   ...von dort.

Thorsten est déjà rentré **du centre de vacances?**
Oui, il **en** est rentré hier.   ...von dort.

Il vous a déjà parlé **des Vosges?**
Oui, il **en** parle tout le temps.   ...davon/darüber.

R *En* vertritt mit *de* angeschlossene Ergänzungen (z. B. revenir **de**, rentrer **de**, parler **de**). *En* hat dann die Bedeutung „von dort", „dorther", „davon", „darüber".

44 *quarante-quatre*

§50 Das Pronomen ‚y'

W Du kennst schon das Pronomen **en**, das Ergänzungen mit *de* vertritt.

NEU Nun beschäftigen wir uns mit dem Pronomen **y**, das ebenfalls Ergänzungen vertritt. Du kennst es aus der Wendung **il y a** („es gibt …").

Stefan et Emilie entrent	**dans une boulangerie.**		
Ils	**y**	achètent du pain.	**dort**
Emilie habite	**à Concarneau.**		
Elle	**y**	a beaucoup d'amis.	**dort**
Stefan va souvent	**en France.**		
Il	**y**	va parce qu'il aime ce pays.	**dorthin**

R Das Pronomen **y** vertritt **Ortsbestimmungen**, die durch **Präpositionen** wie *à, dans, en, sous, sur* (aber nicht *de*!) eingeleitet werden. Es hat dann die Bedeutung „**dort**" bzw. „**dorthin**".

Tu as pensé	**à la salade?**		
Mince, je n'	**y**	ai pas pensé.	**daran**

y vertritt nicht nur Ortsbestimmungen, sondern auch andere **Ergänzungen** mit *à*, aber nur, wenn es sich um **Sachen** handelt.

J'	**y**	vais tout de suite.
Je vais	**y**	aller ce soir.
Je n'	**y**	suis pas allé hier soir.

R Für **y** gelten **dieselben Stellungsregeln** wie für die Objektpronomen:
Es steht:
– vor dem konjugierten Verb,
– vor dem Infinitiv, auf den es sich bezieht;
– innerhalb der Verneinungsklammer.

Bei den Verben auf *-er* und bei *aller* wird an den Imperativ Singular vor *en* und *y* ein *-s* angehängt:

Mange.	Pense.	Va.
Mange**s**-en.	Pense**s**-y.	Vas-y.

§51 Das Verb ‚offrir'

Mit *offrir* („anbieten", „schenken") lernst du ein weiteres unregelmäßiges Verb kennen.

offrir	[ɔfrir]
j' offre	[ʒɔfr(ə)]
tu offres	[tyɔfr(ə)]
il ⎱ offre	[ilɔfr(ə)]
elle ⎰	[ɛlɔfr(ə)]
on	[õnɔfr(ə)]
nous offrons	[nuzɔfrõ]
vous offrez	[vuzɔfre]
ils ⎱ offrent	[ilzɔfr(ə)]
elles ⎰	[ɛlzɔfr(ə)]

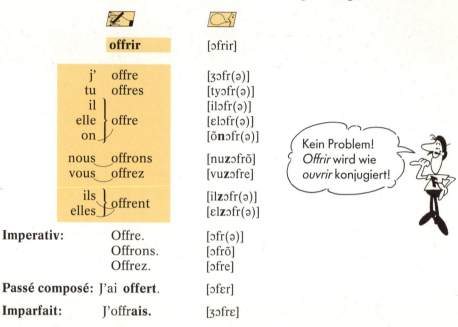

Kein Problem! *Offrir* wird wie *ouvrir* konjugiert!

Imperativ: Offre. [ɔfr(ə)]
Offrons. [ɔfrõ]
Offrez. [ɔfre]

Passé composé: J'ai **offert**. [ɔfɛr]

Imparfait: J'offr**ais**. [ʒɔfrɛ]

C §52 Die Ordnungszahlen

Du kennst bereits die Grundzahlen.
Nun lernst du die Ordnungszahlen kennen.

Julie est en 4ᵉ.

La rue Daguerre se trouve dans le 14ᵉ arrondissement.

1ᵉʳ	le **premier**
1ᵉʳᵉ	la **première**
2ᵉ	le/la deux**ième** [døzjɛm]
	le **second**, la **seconde** [s(ə)gõ, s(ə)gõd]
3ᵉ	le/la trois**ième**
4ᵉ	le/la quatr**ième**
5ᵉ	le/la cin**qu**ième
6ᵉ	le/la six**ième** [sizjɛm]
7ᵉ	le/la sept**ième**
8ᵉ	**le/la** huit**ième**
9ᵉ	le/la neu**vi**ème [nœvjɛm]
10ᵉ	le/la dix**ième** [dizjɛm]
11ᵉ	**le/la** on**zi**ème
12ᵉ	le/la douz**ième**
13ᵉ	le/la trei**zi**ème
14ᵉ	le/la quator**zi**ème
15ᵉ	le/la quin**zi**ème

16ᵉ	le/la sei**zi**ème
17ᵉ	le/la dix-septième [disɛtjɛm]
18ᵉ	le/la dix-huitième [dizɥitjɛm]
19ᵉ	le/la dix-neu**vi**ème [diznœvjɛm]
20ᵉ	le/la vingtième
21ᵉ	le/la vingt et **uni**ème [vɛ̃teynjɛm]
22ᵉ	le/la vingt-deuxième
30ᵉ	le/la trentième
70ᵉ	le/la soixante-dixième
71ᵉ	le/la soixante et onzième
80ᵉ	le/la quatre-vingtième
81ᵉ	le/la quatre-vingt-unième
90ᵉ	le/la quatre-vingt-dixième
91ᵉ	le/la quatre-vingt-onzième
96ᵉ	le/la quatre-vingt-seizième
99ᵉ	le/la quatre-vingt-dix-neuvième
100ᵉ	le/la centième

> Die **Ordnungszahlen** werden gebildet, indem man die Endung *-ième* an die jeweilige **Grundzahl** anhängt. Bei den Grundzahlen, die auf *-e* enden, fällt das *-e* vor *-ième* weg.
> Nur bei **premier** und **second** gibt es je eine **maskuline** und eine **feminine** Form. Sonst sind maskuline und feminine Form gleich.
> Der Artikel wird nie apostrophiert (**le h**uitième, **la o**nzième).

Einige weitere Besonderheiten im Schriftbild kannst du der Übersicht entnehmen. Sie sind fett gedruckt.
Wenn du die Ordnungszahlen schreibst, solltest du natürlich die abgekürzte Form benutzen!

quarante-sept

§53 Das Verb „devoir"

Mit **devoir** („müssen/sollen") lernst du ein weiteres unregelmäßiges Verb kennen.

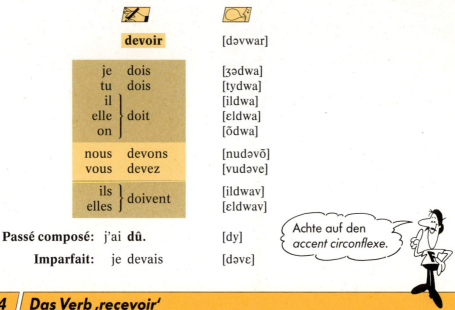

	devoir	[dəvwar]
je	dois	[ʒədwa]
tu	dois	[tydwa]
il	⎫	[ildwa]
elle	⎬ doit	[ɛldwa]
on	⎭	[õdwa]
nous	devons	[nudəvõ]
vous	devez	[vudəve]
ils	⎫ doivent	[ildwav]
elles	⎭	[ɛldwav]

Passé composé: j'ai **dû**. [dy]

Imparfait: je devais [dəvɛ]

Achte auf den accent circonflexe.

§54 Das Verb „recevoir"

Mit **recevoir** („empfangen", „erhalten", „bekommen") lernst du ein weiteres unregelmäßiges Verb kennen.

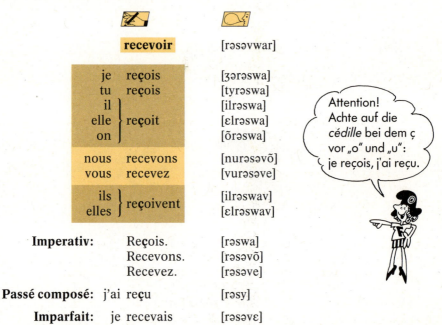

	recevoir	[rəsəvwar]
je	reçois	[ʒərəswa]
tu	reçois	[tyrəswa]
il	⎫	[ilrəswa]
elle	⎬ reçoit	[ɛlrəswa]
on	⎭	[õrəswa]
nous	recevons	[nurəsəvõ]
vous	recevez	[vurəsəve]
ils	⎫ reçoivent	[ilrəswav]
elles	⎭	[ɛlrəswav]

Imperativ: Reçois. [rəswa]
Recevons. [rəsəvõ]
Recevez. [rəsəve]

Passé composé: j'ai reçu [rəsy]

Imparfait: je recevais [rəsəvɛ]

Attention! Achte auf die cédille bei dem ç vor „o" und „u": je reçois, j'ai reçu.

§55 Die Inversionsfrage

W Du hast bereits die folgenden Frageformen kennen gelernt:

Entscheidungsfragen
(Man erwartet ein *Ja* oder *Nein*.)

        Tu dors?
Est-ce que tu dors?

Ergänzungsfragen
(Fragen mit einem Fragewort)

Tu t'appelles comment? *(ugs.)*
Comment est-ce que tu t'appelles?

Du weißt schon, dass man Fragen durch die **Intonation** (Satzmelodie) oder durch den Zusatz von *est-ce que* kennzeichnen kann. Außerdem gibt es die Möglichkeit wie im Deutschen das Verb vor das Subjekt zu stellen: Que fait Julien? Was macht Julien?

NEU Diesen Typ, den man **Inversionsfrage** nennt, wollen wir hier näher kennen lernen:

Il est arrivé.   Où est-ce que tu habites?
Est-il arrivé?   Où habites-tu?

Wie du siehst, handelt es sich um Inversionsfragen, bei denen das **Subjekt ein Personalpronomen** ist.

> **R** Die **Inversionsfrage** wird gebildet, indem man das Subjekt hinter das Verb stellt. Verwende diese Frageform vorläufig nur, wenn das Subjekt ein Personalpronomen ist.
> Das Subjektpronomen wird mit Bindestrich an das Verb angeschlossen.

Où habite-**t**-elle?   Quand va-**t**-il au collège?

> **R** In der 3. Person Singular tritt zwischen Verb und Subjektpronomen ein „t", wenn die Verbform auf *-e* oder *-a* endet.

Pourquoi ne **l'**as-tu pas invité?
Y a-t-il un problème?
Ne veux-tu pas **en** parler?

> **R** Die **Objektpronomen** sowie **y/en** stehen wie im Aussagesatz vor der konjugierten Verbform bzw. vor dem Infinitiv, auf den sie sich beziehen.

Die **Inversionsfrage** wird **vor allem in der Schriftsprache** verwendet, also z. B. in Briefen. In der gesprochenen Sprache wirkt sie gewählter als die Intonationsfrage oder die Umschreibungsfrage mit *est-ce que*.

T Inversion – Umstellung der Reihenfolge von Subjekt und Verb

LEÇON 9

A §56 Das unverbundene Personalpronomen: moi, toi, lui, elle, nous, vous, eux, elles

W
– **Tu** as vu mon petit frère?
– Oui, **je l'**ai vu.

Die Personalpronomen in diesen Sätzen sind dir schon bekannt. Es sind Subjektpronomen *(je, tu, il usw.)* und Objektpronomen *(me, te, le usw.)*. Wegen ihrer engen Verbindung mit dem Verb nennt man sie **verbundene Personalpronomen**.

NEU Nun lernst du ein weiteres Pronomen kennen:

– Alors, qui vient ce soir? – **Moi**, bien sûr. (**Ich** …)
– Bien. François vient aussi. – Super, avec **lui**, c'est toujours drôle. (Mit **ihm** …)
– Alors, on sort sans **toi**, Luc? – Oui, mes cousins sont là;
    (… ohne **dich**?)   je préfère rester avec **eux**. (… bei **ihnen**, mit **ihnen** zusammen.)

Die hervorgehobenen Pronomen in diesen Beispielen können **alleine** stehen oder nach Präpositionen. Man nennt sie deshalb **unverbundene Personalpronomen**.
Die unverbundenen Personalpronomen haben als Subjekt und Objekt die gleiche Form.

R Die unverbundenen Peronalpronomen stehen
– in verkürzten Sätzen ohne Verb,
– nach Präpositionen.

Hier sämtliche Formen der unverbundenen Personalpronomen:

moi	nous
toi	vous
lui	eux [ø]
elle	elles

Die unverbundenen Personalpronomen werden noch in anderen Zusammenhängen verwendet:

Moi, je prépare le dessert.

Toi, tu fais la salade.

Marc, lui, achète les boissons.

Serge et Luc, eux, vont apporter un gâteau.

Et moi, je m'occupe de la musique.

R Die unverbundenen Personalpronomen können auch zusammen mit verbundenen Personalpronomen oder Nomen verwendet werden. Sie dienen dann der **Hervorhebung**, besonders bei **Gegensätzen**.

§57 Die Hervorhebung mit ‚c'est/ce sont ... qui/que'

W Du weißt, dass sich verbundene Personalpronomen und Nomen durch ein unverbundenes Personalpronomen hervorheben lassen:
Moi, j'aime le volley-ball. **Mon frère, lui,** préfère le tennis.

NEU Nun lernst du eine Möglichkeit kennen, einzelne Satzteile hervorzuheben.

1. C'est/Ce sont ... qui

– **C'est**	toi	**qui** as réparé le vélo?
– Non, **c'est**	Fanny	**qui** l'a réparé.
– **Ce sont**	Marc et Muriel	**qui** ont bu le coca?
– Non, { **ce** ne **sont** pas / **ce** n' **est** pas }	eux	**qui** l'ont bu,
c'est	nous	**qui** l'avons bu.

R Mit *c'est/ce sont ... qui* hebt man das **Subjekt** eines Satzes hervor. *Ce sont* kann nur vor *eux/elles* oder einem **Nomen im Plural** stehen.
In der gesprochenen Sprache zieht man auch hier *c'est* vor.

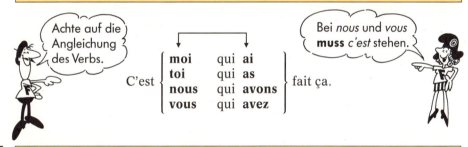

C'est { moi qui ai / toi qui as / nous qui avons / vous qui avez } fait ça.

(Achte auf die Angleichung des Verbs. — Bei *nous* und *vous* muss *c'est* stehen.)

R Abweichend vom Deutschen richtet sich das Verb auch bei der Hervorhebung der 1. und 2. Person nach dem **Subjektpronomen**.

2. C'est/Ce sont ... que

– Tu penses **à ton travail**?	– Non, **c'est**	à notre excursion	**que** je pense.
– Tu cherches **la carte**?	– Non, **ce sont/c'est**	mes lunettes	**que** je cherche.
– On fait l'excursion **samedi**?	– Non, **c'est**	dimanche	**qu'**on la fait.

R Mit *c'est/ce sont ... que* hebt man **Objekte** und **adverbiale Bestimmungen** hervor. *Ce sont* kann nur vor *eux/elles* oder einem Nomen im Plural stehen.

§58 Der Gebrauch von ‚savoir' und ‚pouvoir'

Für das deutsche Hilfsverb „können" gibt es im Französischen zwei verschiedene Verben, **savoir** und **pouvoir**, die man nicht verwechseln darf. Unterscheide:

Je **sais** jouer au tennis.
Je l'ai appris au centre de vacances.

Tous les chiens **savent** nager.

Mais aujourd'hui je ne **peux** pas jouer.
Je n'ai pas le temps.

Je ne **peux** pas nager plus longtemps.
j'ai mal à la jambe.

savoir faire bedeutet etwas können, weil man es gelernt hat oder dafür begabt ist: **Wissen, wie man etwas macht, Fähigkeit**	*pouvoir faire* bedeutet etwas können, weil die Umstände oder Personen es ermöglichen oder erlauben: **Möglichkeit, Gelegenheit, Erlaubnis**

B §59 Das Fragepronomen ‚quoi'

W Mit *que* (oder *qu'est-ce que*) fragt man nach Sachen, die direktes Objekt sind:
Que fait ton frère?

NEU Das Fragepronomen *quoi* bezieht sich ebenfalls auf Sachen.

– **A quoi** penses-tu? Woran denkst du? – **De quoi** parlez-vous? Worüber redet ihr?

R **Quoi** steht **nach Präpositionen.**

– Je ne sais pas **quoi**/que faire.   ..., was ich machen soll.
                  – **Quoi**/que dire?   Was soll man (dazu) sagen?

R **Quoi** steht als direktes Objekt **vor Infinitiven.** Hier ist aber auch *que* möglich.

– **Quoi** de neuf?   Was gibt's Neues?

R In Sätzen **ohne Verb** steht ebenfalls **quoi.**

Das ist wie bei *moi* und *toi* statt *me* und *te*.

§60 Die Steigerung der Adjektive

1. Komparativ und Vergleich

„Größer", „schöner" usw. sind Steigerungsformen des Adjektivs, die dem Vergleich dienen. Man nennt diese Formen **Komparativ**.

Finesse est **plus** grande **qu'** Arthur.   ⊕
Finaud est **aussi** grand **que** Finesse. ⊖
Arthur est **moins** grand **que** Finaud.   ⊖

R Der **Komparativ** („größer", „weniger groß") wird gebildet, indem man *plus* oder *moins* vor das Adjektiv stellt.
Die **Gleichheit** („genauso groß") wird ausgedrückt, indem man vor das Adjektiv *aussi* setzt.
Das **Bezugswort des Vergleichs** wird in beiden Fällen durch *que* angeschlossen (deutsch „als" und „wie").

| plus aussi moins | grand(e)(s) | que |

2. Der Superlativ

„Der größte", „der schönste" usw. drücken die **Höchststufe** eines Vergleichs aus. Man nennt diese Form **Superlativ**.

Le Louvre est **le** **plus grand** musée de Paris.
Paris est **la** **plus grande** ville de France.

R Der **Superlativ** wird gebildet, indem man den bestimmten Artikel vor den Komparativ setzt.

Est-ce que vous connaissez **l'** hôtel **le moins cher** du quartier?
le **plus bel** hôtel du quartier?

R Nachstehende Adjektive stehen auch **im Superlativ nach** dem Nomen. Voranstehende Adjektive stehen auch **im Superlativ** meistens **vor** dem Nomen. Bei nachstehendem Adjektiv wird der bestimmte Artikel vor der Form des Komparativs wiederholt.

1. Von den Adjektiven, die meistens **vor** dem Nomen stehen, hast du bisher die folgenden kennen gelernt:

bon gut	**grand** groß	**joli** hübsch	**court** kurz	**jeune** jung
mauvais schlecht	**petit** klein	**beau** schön	**long** lang	**vieux** alt
	haut hoch	**cher** lieb		**nouveau** neu

2. Beim Superlativ kann statt des bestimmten Artikels **vor** dem Nomen auch ein Possessivbegleiter stehen:

*Voilà **ma** plus belle chemise… et en plus, c'est ma chemise la plus pratique.*

Das Adjektiv **bon** hat eine besondere Steigerungsform ohne *plus*:

Julie a une	**bonne**	idée.	bon, bonne	gut
François a une	**meilleure**	idée.	meilleur, e	besser
C'est Yasmina qui a	**la meilleure**	idée.	le (la) meilleur(e)	der (die) beste

§61 Das Plus-que-parfait

W Du kennst schon eine Zeitform der Vergangenheit, die aus zwei Teilen zusammengesetzt ist, das *Passé composé*.

J'	ai	fait
Puis, je	suis	allé
	Präsens von *avoir* oder *être*	*Participe passé*

mes devoirs.
chez mon copain.

NEU Mit dem **Plus-que-parfait** lernst du eine weitere, ganz ähnlich gebildete Zeitform der Vergangenheit kennen:

J'	étais	monté	dans ma chambre.	... **war hinaufgegangen.**
Je m'	étais	couché	et	... **hatte mich hingelegt**
j'	avais	lu	encore un peu quand ...	... **hatte** ... **gelesen**, als
	Imparfait von *avoir* oder *être*	*Participe passé*		Plusquamperfekt

R Das *Plus-que-parfait* wird aus dem *Imparfait* von *avoir* oder *être* und dem *Participe passé* **des jeweiligen Verbs** gebildet.

La mère s'inquiétait:

Sa fille était sortie. ... war ausgegangen.
Elle **ne** l'**avait pas** entendu**e** rentrer. ... hatte sie nicht heimkehren gehört.

Die Stellung der Verneinungselemente und die Veränderlichkeit des *Participe passé* folgen denselben Regeln wie beim *Passé composé*.

Der Gebrauch des *Plus-que-parfait*

Quand la fille est rentrée, la mère **avait** déjà **dormi** deux heures.
Elle **s'était** beaucoup **inquiétée**,
mais enfin, elle **s'était endormie**.

Maintenant, la mère était contente parce que sa fille **était rentrée** et qu'elle **s'était inquiétée** pour rien.

Vergangenheit   *Vorvergangenheit*

R Das *Plus-que-parfait* bezeichnet Vergangenes, das schon **vor** einem anderen Geschehen oder Zustand der Vergangenheit **abgeschlossen war** (Vorvergangenheit).

RÉVISIONS

Der Plural der Nomen (Besonderheiten)

un bateau/des bateau**x**	ein Schiff/Schiffe
un bureau/des bureau**x**	ein Büro/Büros
un cadeau/des cadeau**x**	ein Geschenk/Geschenke
un couteau/des couteau**x**	ein Messer/Messer
un gâteau/des gâteau**x**	ein Kuchen/Kuchen
un tableau/des tableau**x**	eine (Wand-)Tafel/(Wand)Tafeln
un animal/des anim**aux**	ein Tier/Tiere
un hôpital/des hôpit**aux**	ein Krankenhaus/Krankenhäuser
un journal/des journ**aux**	eine Zeitung/Zeitungen
un travail/des trav**aux**	eine Arbeit/Arbeiten
un cheveu/des cheveu**x**	ein Haar/Haare
un jeu/des jeu**x**	ein Spiel/Spiele
aber: un pneu/des pneu**s**	ein Reifen/Reifen
un hobby/des hobby**s**	ein Hobby/Hobbys
monsieur/**messieurs**	mein Herr/meine Herren
madame/**mesdames**	meine Dame/meine Damen
mademoiselle/**mesdemoiselles**	mein Fräulein/meine Fräulein
un agent de police/des agent**s** de police	ein Polizeibeamter/Polizeibeamte
un salon de thé/des salon**s** de thé	ein Café/Cafés
un sac à dos/des sac**s** à dos	ein Rucksack/Rucksäcke
un sandwich au jambon/des sandwich**s** au jambon	ein Schinkenbrot/Schinkenbrote
une carte postale/des carte**s** postale**s**	eine Postkarte/Postkarten
un plat principal/des plat**s** princip**aux**	ein Hauptgericht/Hauptgerichte
un après-midi/des après-midi**s**	ein Nachmittag/Nachmittage
un pique-nique/des pique-nique**s**	ein Picknick/Picknicks
un week-end/des week-end**s**	ein Wochenende/Wochenenden
un chasse-neige/des chasse-neige	ein Schneepflug/Schneepflüge
un porte-monnaie/des porte-monnaie	ein Geldbeutel/Geldbeutel
un cour**s**/des cour**s**	eine Schulstunde/Schulstunden
un fil**s**/des fil**s** [fis]	ein Sohn/Söhne
un pay**s**/des pay**s**	ein Land/Länder
un repa**s**/des repa**s**	eine Mahlzeit/Mahlzeiten
un fau**x**/des fau**x**	eine Fälschung/Fälschungen
un pri**x**/des pri**x**	ein Preis/Preise
une BD/des BD	ein Comicheft/Comichefte
un CD/des CD	eine CD/CDs
un œil/des yeux	ein Auge/Augen

cinquante-cinq **55**

RÉVISIONS

Die verbundenen und die unverbundenen Personalpronomen

Unverbundene Personalpronomen	Verbundene Personalpronomen					
	chercher qn			parler	à qn	
Salut, c'est **moi.**	Je	**te**	cherchais.	Je voulais	**te**	parler.
Ah, c'est **toi!**	Tu	**me**	cherchais?	Tu voulais	**me**	parler?
C'est **lui.**	Il	**le**	cherchait.	Il voulait	**lui**	parler.
C'est **elle.**	Elle	**la**	cherchait.	Elle voulait	**lui**	parler.
Salut, c'est **nous.** {	On	**vous**	cherchait.	On voulait	**vous**	parler.
	Nous	**vous**	cherchions.	Nous voulions	**vous**	parler.
Ah, c'est **vous!**	Vous	**nous**	cherchiez?	Vous vouliez	**nous**	parler?
C'est/ce sont **eux.**	Ils	**les**	cherchaient.	Ils voulaient	**leur**	parler.
C'est/ce sont **elles.**	Elles	**les**	cherchaient.	Elles voulaient	**leur**	parler.
	Subjekt	direktes Objekt			indirektes Objekt	

Präpositionen

Je t'attends **à** la gare. **Le** week-end, il reste à la maison. **Ce** week-end, il reste chez lui.	**an**	… **am** Bahnhof. **Am** Wochenende (an **jedem** Wochenende) … **Am** Wochenende (an **diesem** Wochenende) …
Laisse le journal **sur** la table. Les élèves sont **dans** la cour. Ne jouez pas **dans** la rue. Ne jouez pas **sur** la route. Dis cela **en** français. J'attends **le** bus.	**auf**	… **auf** dem Tisch. … **auf** dem Hof. … **auf** der Straße (Stadt). … **auf** der Straße (Land). … **auf** Französisch. … **auf** den Bus.
La voiture sort **du** garage. Ne regardez pas **par** la fenêtre.	**aus**	… fährt **aus** der Garage. … **aus** dem Fenster.
Il est **chez** son ami/le docteur. Il passe ses vacances **dans** une famille française. Il avait son chien **avec** lui.	**bei**	… **bei** seinem Freund/dem Arzt. … **bei** einer französischen Familie. … **bei** sich.
On travaille **jusqu'à** 5 heures. On travaille **de** 2 heures **à** 5 heures.	**bis**	… **bis** 5 Uhr. … **von** … **bis** …
– Tu as encore la lettre **dans** ton sac? – Non, je l'ai mise **à** la boîte. La tour Eiffel est **à** Paris, **en** France. **En** ville, il y a des beaux magasins. L'atelier est rue du Sentier. On a construit ce château **au** XVIIe siècle. **En** juillet et **en** août, les élèves français sont **en** vacances. Il a dû travailler **pendant les** vacances.	**in**	… **in** deiner Tasche? … **in** den (Brief-)Kasten … … **in** Paris (Stadt), **in** Frankreich (Land). **In** der (Innen-)Stadt … … **in** der rue du Sentier. … **im** 17. Jahrhundert. **Im** Juli und **im** August … **in** Ferien. … **in den** Ferien …
Devant notre maison, il y a un arbre. Il est parti **avant** moi.	**vor**	**Vor** unserem Haus … (örtlich) … **vor** mir … (zeitlich)

RÉVISIONS

Regelmäßige und unregelmäßige Verben

1. Die Verben auf ‚-er'

Infinitiv:	Präsens:		Imperativ:	Passé composé:	Imparfait:
regarder (betrachten)	je regarde tu regardes il regarde	nous regardons vous regardez ils regardent	Regarde. Regardons. Regardez.	j'ai regardé	je regardais nous regardions ils regardaient
Ebenso: alle regelmäßigen Verben auf *-er* **Achtung:** Von den regelmäßigen Verben auf *-er* bilden *arriver, entrer, rentrer, monter, retourner, tomber* und *rester* das *Passé composé* mit *être*; vgl. § 11.					
acheter (kaufen)	j'achète tu achètes il achète	nous achetons vous achetez ils achètent.	Achète… Achetons… Achetez…	j'ai acheté	j'achetais nous achetions ils achetaient
Ebenso: **enlever** (wegnehmen), **se lever** (aufstehen), **se promener** (spazieren gehen)					
préférer (vorziehen; § 26)	je préfère tu préfères il préfère	nous préférons vous préférez ils préfèrent		j'ai préféré	je préférais nous préférions ils préféraient
Ebenso: **compléter** (vervollständigen), **espérer** (hoffen), **s'inquiéter** (sich beunruhigen), **répéter** (wiederholen)					
appeler (rufen)	j'appelle tu appelles il appelle	nous appelons vous appelez ils appellent	Appelle… Appelons… Appelez…	j'ai appelé	j'appelais nous appelions ils appelaient
Ebenso: **épeler** (buchstabieren), **jeter** (werfen)					
envoyer (schicken; § 17)	j'envoie tu envoies il envoie	nous envoyons vous envoyez ils envoient	Envoie. Envoyons. Envoyez.	j'ai envoyé	j'envoyais nous envoyions ils envoyaient
Ebenso: **essayer** (versuchen), **payer** (bezahlen)					
manger (essen)	je mange tu manges il mange	nous mangeons vous mangez ils mangent	Mange. Mangeons. Mangez.	j'ai mangé	je mangeais nous mangions ils mangeaient
Ebenso: **changer** (wechseln), **corriger** (korrigieren), **déranger** (stören), **ranger** (aufräumen)					
commencer (beginnen, anfangen)	je commence tu commences il commence	nous commençons vous commencez ils commencent	Commence. Commençons. Commencez.	j'ai commencé	je commençais nous commencions ils commençaient
Ebenso: **annoncer** (ankündigen), **avancer** (vorrücken), **prononcer** (aussprechen)					

RÉVISIONS

2. Die Verben auf ‚-dre'

Infinitiv:	Präsens:		Imperativ:	Passé composé:	Imparfait:
répondre (antworten)	je réponds tu réponds il répond	nous répondons vous répondez ils répondent	Réponds. Répondons. Répondez.	j'ai répondu	je répondais nous répondions ils répondaient
Ebenso:	\multicolumn{5}{l}{**attendre** (warten), **descendre**[1] (aussteigen/hinabsteigen), **perdre** (verlieren), **rendre** (zurückgeben)}

3a Die Verben auf ‚-ir': Gruppe: ‚dormir' (§ 9)

dormir (schlafen)	je dors tu dors il dort	nous dormons vous dormez ils dorment	Dors. Dormons. Dormez.	j'ai dormi	je dormais nous dormions ils dormaient
Ebenso:	**mentir** (lügen), **partir**[1] (losgehen/wegfahren/abfahren/aufbrechen), **sentir** (fühlen/riechen), **servir** (dienen/bedienen), **sortir**[1] (hinausgehen/herauskommen)				

3b Die Verben auf ‚-ir': Gruppe: ‚finir' (§ 31)

finir (beenden)	je finis tu finis il finit	nous finissons vous finissez ils finissent	Finis. Finissons. Finissez.	j'ai fini	je finissais nous finissions ils finissaient
Ebenso:	**choisir** (wählen/aussuchen), **réagir** (reagieren), **réfléchir** (nachdenken, überlegen), **réussir** (gelingen)				

4. Unregelmäßige Verben

aller (gehen)	je vais tu vas il va	nous allons vous allez ils vont	Va. Allons. Allez.	je suis allé(e)	j'allais nous allions ils allaient
avoir (haben)	j'ai tu as il a	nous avons vous avez ils ont	Aie … Ayons … Ayez …	j'ai eu	j'avais nous avions ils avaient
boire (trinken; § 30)	je bois tu bois il boit	nous buvons vous buvez ils boivent	Bois. Buvons. Buvez.	j'ai bu	je buvais nous buvions ils buvaient
conduire (fahren; § 42)	je conduis tu conduis il conduit	vous conduisons vous conduisez ils conduisent	Conduis. Conduisons. Conduisez.	j'ai conduit	je conduisais nous conduisions ils conduisaient
Ebenso: **construire** (bauen)					
connaître (kennen; § 18)	je connais tu connais il connaît	nous connaissons vous connaissez ils connaissent	Connais … Connaissons … Connaissez …	j'ai connu	je connaissais nous connaissions ils connaissaient

[1] = Diese Verben bilden das *Passé composé* mit *être*.

RÉVISIONS

Infinitiv:	Präsens:		Imperativ:	Passé composé:	Imparfait:
courir (laufen; § 6)	je cours tu cours il court	nous courons vous courez ils courent	Cours. Courons. Courez.	j'ai couru	je courais nous courions ils couraient
croire (glauben; § 33)	je crois tu crois il croit	nous croyons vous croyez ils croient	Crois. Croyons. Croyez.	j'ai cru	je croyais nous croyions ils croyaient
devoir (müssen; § 53)	je dois tu dois il doit	nous devons vous devez ils doivent		j'ai dû	je devais nous devions ils devaient
dire (sagen)	je dis tu dis il dit	nous disons vous dites ils disent	Dis. Disons. Dites.	j'ai dit	je disais nous disions ils disaient
écrire (schreiben)	j'écris tu écris il écrit	nous écrivons vous écrivez ils écrivent	Ecris. Ecrivons. Ecrivez.	j'ai écrit	j'écrivais nous écrivions ils écrivaient
être (sein)	je suis tu es il est	nous sommes vous êtes ils sont	Sois… Soyons… Soyez…	j'ai été	j'étais nous étions ils étaient
faire (machen)	je fais tu fais il fait	nous faisons vous faites ils font	Fais… Faisons… Faites…	j'ai fait	je faisais nous faisions ils faisaient
falloir (müssen; § 25)	il faut			il a fallu	il fallait
lire (lesen)	je lis tu lis il lit	nous lisons vous lisez ils lisent	Lis. Lisons. Lisez.	j'ai lu	je lisais nous lisions ils lisaient
mettre (setzen, stellen, legen)	je mets tu mets il met	nous mettons vous mettez ils mettent	Mets… Mettons… Mettez…	j'ai mis	je mettais nous mettions ils mettaient
Ebenso: **promettre** (versprechen)					
offrir (anbieten; § 51)	j'offre tu offres il offre	nous offrons vous offrez ils offrent	Offre… Offrons… Offrez…	j'ai offert	j'offrais nous offrions ils offraient
Ebenso: **découvrir** (entdecken), **ouvrir** (öffnen)					

RÉVISIONS

Infinitiv:	Präsens:		Imperativ:	Passé composé:	Imparfait:
plaire (gefallen; § 4)	je plais tu plais il plaît	nous plaisons vous plaisez ils plaisent		j'ai plu	je plaisais nous plaisions ils plaisaient
pleuvoir (regnen)	il pleut			il a plu	il pleuvait
pouvoir (können)	je peux tu peux il peut	nous pouvons vous pouvez ils peuvent		j'ai pu	je pouvais nous pouvions ils pouvaient
prendre (nehmen)	je prends tu prends il prend	nous prenons vous prenez ils prennent	Prends. Prenons… Prenez.	j'ai pris	je prenais nous prenions ils prenaient
Ebenso: **comprendre** (verstehen), **surprendre** (überraschen)					
recevoir (empfangen § 54)	je reçois tu reçois il reçoit	nous recevons vous recevez ils reçoivent	Reçois… Recevons… Recevez…	j'ai reçu	je recevais nous recevions ils recevaient
rire (lachen)	je ris tu ris il rit	nous rions vous riez ils rient	Ris. Rions. Riez.	j'ai ri	je riais nous riions ils riaient
Ebenso: **sourire** (lächeln)					
savoir (wissen, können)	je sais tu sais il sait	nous savons vous savez ils savent	Sache… Sachons… Sachez…	j'ai su	je savais nous savions ils savaient
venir (kommen; § 10)	je viens tu viens il vient	nous venons vous venez ils viennent	Viens. Venons… Venez.	je suis venu(e)	je venais nous venions ils venaient
Ebenso: **tenir** (halten), **appartenir** (gehören), **devenir**[1] (werden)					
vivre (leben; § 41)	je vis tu vis il vit	nous vivons vous vivez ils vivent	Vis… Vivons… Vivez…	j'ai vécu	je vivais nous vivions ils vivaient
voir (sehen)	je vois tu vois il voit	nous voyons vous voyez ils voient	Vois… Voyons. Voyez…	j'ai vu	je voyais nous voyions ils voyaient
vouloir (wollen)	je veux tu veux il veut	nous voulons vous voulez ils veulent	Veuille… Veuillez…	j'ai voulu	je voulais nous voulions ils voulaient

[1] = Diese Verben bilden das *Passé composé* mit *être*.

Verzeichnis der grammatischen Begriffe

In der linken Spalte stehen die in diesem Grammatischen Beiheft verwendeten Begriffe. Der Paragraph nennt die Stelle, an der du etwas über den Begriff erfährst.
Die mittlere Spalte enthält Bezeichnungen, die dir aus dem Deutschen vertraut sind. Manchmal stehen dort auch Begriffe, die zwar in dieser Grammatik nicht verwendet werden, jedoch möglicherweise von deiner Lehrerin/deinem Lehrer benützt werden. In der rechten Spalte werden die französischen Entsprechungen sowie französische Beispiele aufgeführt.

Verwendete Bezeichnungen	Entsprechungen	Französische Bezeichnungen und Beispiele
Adjektiv (§ 2) - attributives ~ - prädikatives ~	Eigenschaftswort	l'adjectif *m* – ~ épithète: *une **petite** voiture;* *un restaurant **français*** – ~ attribut: *Christine **est petite**.*
Adverb	Umstandswort	l'adverbe *m*: *Il arrive **demain**.*
Adverbiale Bestimmung	Umstands-bestimmung	le complément circonstanciel: *Julien habite **à Paris**.*

Artikel
- bestimmter ~ (§ 27)
- unbestimmter ~ (§ 39)
	Geschlechtswort	l'article *m*
		~ défini: ***le*** *voisin;* ***l'*** *ami;*
		     la *voisine;* ***les*** *amis*
		~ indéfini: ***un*** *voisin;* ***une*** *voisine;*
		     des *cartons*

Aussagesatz		la phrase déclarative: *Arthur est un perroquet.*
Bindung		la liaison (des mots): *de**s é**tiquettes*
Demonstrativ-begleiter (§ 5)	adjektivisches Demons-trativpronomen/hin-weisendes Fürwort	le déterminant/l' adjectif démonstratif: *Qui est **ce** garçon?*
Entscheidungsfrage (§ 55)	Gesamtfrage/Ja-Nein-Frage	l'interrogation totale: *Tu dors?*
Ergänzung		le complément: *le livre **de mon frère**/* *Il parle **à mon frère**/Il regarde **mon frère**/* *Il habite **à Paris**.*

Ergänzungsfrage (§ 55)	Teilfrage/Frage mit Fragewort/Wort-frage/W-Frage	l'interrogation partielle:
		     ***Quand** est-ce que Luc fait le slalom?/*
		     *Tu t'appelles **comment**?*

Est-ce que-Frage	Umschreibungs-frage	l'interrogation avec *est-ce que*:
		     ***Est-ce que** Luc a un skateboard?*
		     *Quand **est-ce qu'**il vient?*

Femininum	weibl. Geschlecht	le genre féminin: *une amie*
Fragesatz		la phrase interrogative: *Qui est-ce?*
Fragewort (§ 1)		le mot interrogatif: ***Quelle** heure est-il?*
Futur composé	Zukunft	le futur composé: *Demain, je **vais regarder** la télé.*

Verwendete Bezeichnungen	Entsprechungen	Französische Bezeichnungen und Beispiele
Genus (das) (§ 1)	(gramm.) Geschlecht	le genre: **un** *ami*; **une** *amie*
Grundzahlen (§ 14)	Kardinalzahlen	les nombres cardinaux: *un, deux, trois, quatre,…*
Hervorhebung (§ 57)		la mise en relief: ***c'est** Fanny **qui** a réparé le vélo*
Imperativ (§ 10, 46)	Befehlsform	l'impératif: *Regarde; Disons; Répondez.*
Imparfait (das) (§ 36, 37, 47)	Imperfekt	l'imparfait: *Je ne **savais** pas.*
Indirekte Frage (§ 16)	wiedergegebene Frage	l'interrogation indirecte: *Laurent veut savoir **si** Sonia aime le jaune.*
Indirekte Rede (§ 16)	wiedergegebene Rede	le style/le discours indirect: *Sonia dit qu'elle aime les couleurs gaies.*
Infinitiv (§ 8, 32)	Grundform	l'infinitif: *être; parler; répondre; pouvoir*
Intonationsfrage (§ 55)	Frage mithilfe der Satzmelodie	l'interrogation par intonation: *Arthur est un perroquet?*
Inversionsfrage (§ 55)	Frage durch Umstellung von Subjekt und Verb	l'interrogation par inversion du sujet: *Où habites-tu?*
Komparativ (der) (§ 60)	erste Steigerungsstufe	le comparatif: *Finesse est **plus** grande qu'Arthur.*
Konjugation	Beugung des Zeitwortes	la conjugaison: *je regarde, tu regardes, etc.*
Konjunktion	Bindewort	la conjonction: *Je trouve **que** c'est dangereux.*
Konsonant (§ 5)	Mitlaut	la consonne: *b; c; d; f; g; etc.*
Lautbild (vgl. Schriftbild)	= wie etw. ausgesprochen wird	le code phonique
Maskulinum (§ 1)	männl. Geschlecht	le genre masculin: **un** *ami*
Mengenwort (§ 29)		l'adverbe *m* de quantité: *Tu manges **trop/peu/beaucoup/assez** de bananes.*
Nomen (§ 25)	Substantiv/Hauptwort/Namenwort	le nom/le substantif: *le voisin, la rue*
Numerus (der) (§ 1)	Zahl	le nombre: **une** *amie*; **des** *amies*
Objekt (§ 15) – direktes ~ – indirektes ~	Satzergänzung Akkusativobjekt Dativobjekt	le complément d'objet ~ direct: *Julie regarde **Isabelle**.* ~ indirect: *Julie pose une question **à Isabelle**.*
Objektpronomen (§ 15)	= Personalpronomen/Fürwort als Satzergänzung	le pronom (personnel) objet: *Tu **me** regardes? Je **la** cherche.*
Ordnungszahlen (§ 52)	Ordinalzahlen	les nombres ordinaux: *le premier, la première*

Verwendete Bezeichnungen	Entsprechungen	Französische Bezeichnungen und Beispiele
Participe passé (das) (§ 7)	Partizip Perfekt/ Partizip II/ Mittelwort der Vergangenheit	le participe passé: *joué, regardé*
Passé composé (das) (§ 7)		le passé composé: *J'ai joué au foot.*
Personalpronomen (§ 56) – **verbundenes** ~ – **unverbundenes** ~	persönliches Fürwort	le pronom personnel: *tu; te; vous;* etc. – ~ conjoint/atone: *je; me; ils;* etc. – ~ disjoint/tonique: *moi; toi; lui; eux,* etc.
Plural (§ 1)	Mehrzahl	le pluriel: **les** *cartons*
Plus-que-parfait (das) (§ 61)	Plusquamperfekt (Vorvergangenheit)	le plus-que-parfait: *J'avais lu encore un peu.*
Possessivbegleiter (§ 15)	adjektivisches Possessivpronomen/ besitzanzeigendes Fürwort	le déterminant/l'adjectif possessif: ***mon/ton/son/...** frère*
prädikative Verwendung (eines Adjektivs) (§ 2,3)		l'adjectif attribut: *Ta robe est **belle**.*
Präposition (§ 48)	Verhältniswort	la préposition: **à** *Paris;* **avec** *Arthur;* **sur** *le lit*
Präsens	Gegenwart	le présent: *Je m'appelle Julien.*
Reflexivpronomen (§ 44)	rückbezügliches Fürwort	le pronom réfléchi: *Je **me** lave.*
Relativpronomen (§ 19)	bezügliches Fürwort, das einen Nebensatz einleitet	le pronom relatif: *Arthur est un copain **qui** m'aide souvent.*
Satzgefüge (§ 47)	Verbindung von einem Haupt- und einem Nebensatz	la phrase complexe (proposition principale + proposition subordonnée)
Schriftbild (vgl. Lautbild)	= wie etwas geschrieben wird	le code graphique
Singular (§ 1)	Einzahl	le singulier: **un** *voisin*
Subjekt (§ 11)	Satzgegenstand	le sujet: ***Isabelle** est la sœur de Julie.*
Subjektpronomen (§ 55)	= Personalpronomen/Fürwort als Satzgegenstand	le pronom (personnel) sujet: *je; tu; il; elle; on; nous; vous; ils; elles*
Superlativ (der) (§ 60)	Höchststufe eines Vergleichs	le superlatif: *Paris est **la plus grande** ville de France.*
Teilungsartikel (§ 24)		l'article *m* partitif: *Julien achète **du** coca.*
Veränderlichkeit (des *Participe passé*) (§ 12, 22, 45)		l'accord (du participe passé): *Ahmed est arrivé.* *Julie est arrivée.*

Verwendete Bezeichnungen	Entsprechungen	Französische Bezeichnungen und Beispiele
Verb (§ 8)	Zeitwort	le verbe; *être, regarder; attendre; etc.*
– **regelmäßiges** ~		– ~ *régulier: regarder; attendre; etc.*
– **unregelmäßiges** ~		– ~ *irrégulier: être; avoir; faire; etc.*
– **reflexives** ~ (§ 44)	rückbezügl. Verb	– ~ *pronominal: se reposer*
Verneinung (§ 7, 35)		la négation: *Je **ne** travaille **pas**.*
Vokal (§ 20)	Selbstlaut	la voyelle: *a; e; i; o; u; y*

Stichwortverzeichnis

Die Zahlenangaben verweisen auf die Paragraphen.

à
   32   (Anschluss eines Infinitivs)
Adjektiv
   2   (attributiv/prädikativ),
   3, 60   (Stellung),
   60   (Steigerung)
adorer   27
aimer
   27   (mit *les* statt *des*)
Artikel
   24   (unbestimmter),
   27   (bestimmter)
beau, bel, belle, beaux, belles   2
Bindung   1
boire   30
bon   60
ce, cet, cette, ces... (-là)
   (Demonstrativbegleiter)   5
c'est/ce sont... qui/que   57
choisir   31
conduire   42
connaître   18
construire   42
courir   6
croire   33
de
   32   (Anschluss eines Infinitivs)
Demonstrativbegleiter   5
   (ce, cet, cette, ces... -là)
détester   27
devoir   53
dormir   9
en
   28   (Funktion und Stellung),
   29   (mit nachfolgendem Mengenwort),
   49   (statt Ergänzung mit *de*)
envoyer   17

espérer   26
est-ce que
   1   (in der Ergänzungsfrage)
Farbadjektive   3
finir   31
Fragen
   55   (Entscheidungsfragen, Ergänzungsfragen, mit Intonation, mit *est-ce que*, mit Inversion),
   59   (mit dem Fragepronomen *quoi*)
Futur composé   7
Hervorhebung
   57   (mit *c'est/ce sont... qui/que*)
il faut   25
Imparfait
   36   (Bildung),
   37   (Funktion),
   40   (in Hauptsätzen),
   47   (im Satzgefüge)
Imperativ
   46   (mit einem Pronomen)
indirekte Rede/Frage   16
Inversionsfrage   55
Komparativ   60
leur
   15   (indirektes Objektpronomen),
   15   (Possessivbegleiter)
lui   15
mentir   9
nouveau, nouvel,
nouveaux, nouvelle(s)   2
Objekt
– direktes Objekt   15, 22
– indirektes Objekt   15, 22
Objektpronomen
   15   *(lui, leur)*,
   22   *(le, la, les, me, te, nous, vous)*